Stefano Pirandello

Ícaro

(Tragedia en tres actos)

Stefano Pirandello

Ícaro

(Tragedia en tres actos)

Edición crítica y traducción de
M. Belén Hernández González

Con introducción de Sarah Zappulla Muscarà y Enzo Zappulla

Universidad de Murcia

2023

Pirandello, Stefano, (1895-1972)

Ícaro : tragedia en tres actos / Stefano Pirandello ; edición y traducción de M. Belén Hernández González ; con introducción de Sarah Zappulla Muscarà y Enzo Zappulla.-- Murcia : Universidad de Murcia, Servicio de Publicaciones, 2023.

112 p.-- (Editum Litterae)

ISBN 978-84-18936-95-1

Teatro italiano-Siglo 20°-Textos.
Hernández González, María Belén
Zappulla Muscarà, Sarah
Zappulla, Enzo
Universidad de Murcia. Servicio de Publicaciones.

821.131.1-2

1ª Edición 2023

ISBN: 978-84-18936-95-1

Depósito Legal: MU-1394-.2023
Impreso en España / Printed in Spain

Imprime: Servicio de Publicaciones. Universidad de Murcia
Campus de Espinardo, 30100-MURCIA

Índice

INTRODUCCIÓN
Sarah Zappulla Muscarà y Enzo Zappulla

Ícaro «El hijo, siempre el hijo…».

Olvidado injustamente, Stefano Pirandello (Roma, 1895 – *ivi*, 1972) primogénito de Luigi, fue periodista, narrador, poeta y dramaturgo. Escritor refinado, huidizo, profundamente marcado por la horma paterna; y, sin embargo, autónomo y original desde sus comienzos, es hoy considerado uno de los autores más significativos de la literatura del tiempo. A él le tocó transitar los años más dolorosos del *Novecento*: de la Primera Guerra al nazi-fascismo, del segundo conflicto mundial a la difícil reconstrucción. Su obra encarna un raro ejemplo de teatro social, orientado a la conciliación de enfrentamientos, inicialmente originados en y por la propia familia.

Stefano se enroló en el ejército como voluntario con apenas veinte años, compartiendo el apasionado ideal irrendentista del padre y de buena parte de la intelectualidad italiana; aunque sobre todo fue a la guerra como vía de evasión y crecimiento. El 2 de noviembre de 1915, durante un combate en Oslavia, los austriacos lo hicieron prisionero y lo recluyeron en el campo de concentración de Mauthausen; del cual no será liberado hasta el final de la sangrienta contienda mundial. Luego, de regreso a la casa familiar, se convertirá en secretario, administrador y valioso colaborador del padre. Era el hijo Stefano quien orquestaba sus incesantes compromisos sociales y la relación con los más importantes intelectuales, críticos, agentes, editores y empresarios contemporáneos.

En su obra se entremezcla de continuo el plano de lo vivido con el plano de la creatividad, manteniendo una auténtica tensión ética que puede leerse como metáfora de dos experiencias traumáticas y fundamentales: la guerra -en la que participó y que padeció tempranamente- y la familia, amorosa y cruel, de la cual llegó a ser agudo analista. El espesor autobiográfico que enerva sus escritos no solamente ilumina el problemático ambiente personal, histórico, político y literario del momento, encajonado entre dos guerras y entre dos espacios (el privado y el público); sino que también permite penetrar más a fondo en el intrincado universo compositivo de Luigi. A consecuencia de ello, Stefano decidió que la edición de su propio teatro completo apareciese póstuma, marcando de este modo la necesaria distancia y autonomía de un injusto confronto con la obra paterna.

En vísperas de la Primera Guerra, el 12 de octubre de 1914, el autor escribe las siguientes palabras a la madre, cuando ella se había trasladado de Roma a Agrigento: «Lloro porque veo sucederse tantas catástrofes, como si un destino enemigo quisiera perseguirnos a nosotros, inocentes; lloro y me duelo de la tristeza y la injusta amargura de nuestra suerte». Y, sin embargo, Stefano puede ser definido un espíritu optimista. No posee el optimismo frívolo y miope de quien ignora el mal, fatalmente ineludible, sino ese otro lleno de equilibrio y contención, que surge de la fe sólida en los valores de la libertad, la verdad y la justicia; es decir, nace de la indómita certeza de una posible regeneración moral. Dicha fe unge a los personajes de sus textos teatrales (en total diecinueve obras), con un aura de religiosa aceptación del dolor, hasta el punto de reclamar como necesario el sacrificio y hacer deseable incluso la muerte.

Así sucede en *Ícaro*, una tragedia compuesta en parte en prosa y en parte en verso, representada en el gran "Teatro all'Aperto della Mostra d'Oltremare" de Nápoles bajo la dirección de Renato Simoni en julio de 1940. Al parecer el autor tenía la intención de reescribirla enteramente en verso, entre otras cosas porque lo animaba un talentoso músico, Virgilio Mortari, quien a principios de los años cuarenta deseaba adaptar *Ícaro* al libreto de una ópera lírica o un gran oratorio, e incluso ya había comenzado a musicar varios fragmentos. Luego el proyecto se desvaneció, debido a los dramáticos eventos que devastaron Italia durante esos años. Después de la Segunda guerra, el estilo de la vida italiana había cambiado por completo y otros problemas urgían más. Habiendo perdido el fervor y la inspiración que les había motivado antes, ni Stefano Pirandello ni Virgilio Mortari volvieron a trabajar en *Ícaro*, obra que el autor nunca retomó y guardó entre sus manuscritos tal y como aquí se publica. Esta es, así mismo, la primera traducción del texto[1].

Cnosos se prepara con gran pompa para recibir el barco que conduce al martirio a los niños atenienses. Minos "disfrazado de rapsoda ciego", abriéndose paso a trompicones entre una multitud agolpada ante el espectáculo del suplicio, cuenta a los extranjeros el origen, "que explica la razón", del rito fascinante y cruel, para que sean "falsos testigos, /pero sinceros, y a esos el mundo les tiene fe", una cadena fatal de acontecimientos desatada tras la imprevista promesa a una divinidad implacable. Así pues, *Ananké* -personificación mítica de la ley cósmica según Platón- determinará la existencia de Dédalo; el cual, al ser condenado a muerte por el Aerópago, huye a Creta donde "extranjero y esclavo" diseña por necesidad el laberinto para el Minotauro, sin cuyo hórrido pasto Teseo no habría demostrado su valor, ni Ariadna sujetado el hilo de la fuga. Pero aún era forzoso que Dédalo, "orgulloso / de estar por encima de la ley con su ingenio", construyera las alas para el loco vuelo de Ícaro.

Espíritu atormentado, dividido entre la actitud de servil obediencia a la autoridad de Minos y la orgullosa reivindicación de sus propios méritos, Dédalo vive en una suerte de pesadilla intelectual que roza la locura. Este es el componente demoniaco del arte, condición imprescindible del acto creativo, que se convierte en una seductora enfermedad; pero al tiempo es una fuente pura e inagotable de sanación. Para el personaje inventor "el ingenio es una especie de condena" y "poseerlo, tiene un precio".

---

1   N. de T. La primera edición de la pieza hasta ahora inédita, Ícaro, así como de la obra dramática completa de Stefano Pirandello ha sido realizada por los directores del Istituto di Storia dello Spettacolo Siciliano y es referente para la presente traducción. *Cf.* Pirandello, Stefano (2004). *Tutto il teatro.* Zappulla Muscarà, Sarah-Zappulla, Enzo (eds.), Roma: Bompiani. En las notas finales de esta edición se incluye la bibliografía esencial, así como una breve cronología sobre la vida y la obra del escritor.

A Dédalo se contrapone el "confiado" Ícaro, imagen trasoñada del muchacho Stefano, admirador del padre, el cual sufre por las humillaciones que le infligen a alguien "tan grande" que debería ser "tratado como príncipe en la corte". Y clama su desacuerdo, quisiera volar para conquistar el sol. Huir incluso de Dédalo, que alza "murallas inexpugnables, corredores ciegos y pasajes falsos", para no ser "el hijo, siempre el hijo…". "Hijo por siempre, yo" se definía poéticamente Stefano. Aflora así, en clave mítica, la conflictiva relación entre Stefano y Luigi, que como Dédalo es también un "dios" irascible y despiadado que humilla y avasalla. Un "dios" que "no podía evitar amar cada uno de sus ensayos", incluso los más crueles, pues todos eran necesarios y útiles para la dura y gloriosa liberación del espíritu. De la muerte del hijo surgiría quizá su obra más hermosa. Aunque "el pobre hombre no quería" escribe Stefano en la novela *Temor sacro*, igualmente autobiográfica. El mito, además, sugiere la hipótesis de un vínculo indisoluble entre ambos, hasta el punto de provocar el fracaso voluntario de cualquier intento de fuga por parte de Stefano; así, el 10 de junio de 1926, le escribe al padre: "No sé lo que daría por hacerte sentir realmente mi afecto, mi amor por ti es algo importante, más libre y más esclavo del afecto corriente de los hijos por el padre". Del pirandelliano "antro de la bestia", al igual que del laberinto donde son recluidos los héroes, es posible escapar no con el uso de la razón -el hilo de Ariadna-, sino con un imprevisto batir de alas, que consiente eludir el estado de necesidad. Ícaro, lo hace desafiando en el juego mortal los límites naturales para experimentar en el modo más arriesgado las posibilidades de una libertad absoluta; Dédalo, que ha construido las alas, "sordo y ciego al mundo", ignorando al hijo, que "vuela hacia la muerte", no observando sino la audacia de la empresa. Sonríe paternalmente con su "benigna cara embustera" y confirma el engaño frente "a la ingenua confianza de un niño / ciego de amor".

Conducido por un demonio que lo domina, Dédalo sacrificará a Ícaro, excediéndose hasta los extremos del conocimiento y la impiedad. Pero la suya ¿no es quizá una vocación exclusiva, es decir, totalizadora, incompatible con la responsabilidad del comportamiento humano corriente? No hay arte sin culpa, nos recuerda Georges Bataille. El artista no solo es culpable de crear, sino que crea porque es culpable y se siente como tal. Así Ícaro, en un extremo gesto de conciliación, absuelve al padre; intuyendo la ineluctable práctica de la muerte dentro del estatuto del arte, donde reside también la esencia más profunda de la vida. Un gesto que confirma de manera definitiva ese sentimiento de fatal dependencia que Stefano intentó eludir, con la certeza de que el motor de una existencia que se reconoce precaria y fugaz -y por tanto perdida en la angustia de la posibilidad-, es únicamente la rebelión. No un dato metafísico, una confutación lógica o el ejercicio de la inteligencia; sino el acicate que aviva el instinto y también la elaboración de unos principios morales que en realidad coinciden con la urgente necesidad de negar la muerte; o con su orgánica e integral superación en la obra literaria: "una palabra para la posteridad".

Catania, 23 de julio de 2023

Ícaro

(Tragedia en tres actos)

PERSONAJES

DÉDALO, *artesano ateniense*
ÍCARO, *su hijo*
MINOS, *rey de Creta*
ARIADNA, *su hija*
TESEO, *hijo del rey de Atenas*
ÍSIDAS, *siciliano*

DAINOO y CARITEO, *viejos lugareños cretenses*

ARISTEO, *ministro de Minos*
NAÚCRATE, *madre de Ícaro*
CÓCALO, *rey de Sicilia*

ARGIA, CHERIA, ENEIA e EGINA, *hijas de Cócalo*

Otros lugareños cretenses, extranjeros, otras hijas de Cócalo, sacerdotes, guerreros, las víctimas atenienses.

La acción se representa en Cnosos, en la isla de Creta y en Sicilia.

PRIMER ACTO

El puerto de Cnosos, en la isla de Creta. El muelle, al fondo de la esce-na, es como una muralla a cuya plataforma se accede por unos escalones tallados en piedra, tanto desde el frente como desde el lado del mar (esta escalera tendrá una verja, ahora abierta). A lo lejos, se puede ver el cielo y el mar, cerrados por el otro brazo lejano del muelle. A los lados, casas con pórticos: construcciones macizas. Es casi la puesta de sol. La escena aparece con un gran movimiento confuso de gente festejando. La mayoría de ellos son extranjeros, que comentan ansiosos de grupo en grupo y miran el mar con expectación. Los niños corren, persiguiéndose entre las piernas de los adultos; sus madres los llaman en vano, y aumentan el alboroto. Unos po-cos lugareños cretenses están apartados como extraños, con el rostro triste. En el punto más elevado de la muralla, un centinela mira al mar, listo para dar la señal con una larga trompa.

DAINOO: *(A Cariteo.)* Mira qué jolgorio tienen los extranjeros. ¡Se divierten!

EXTRANJEROS: *(Que miran el mar.)*

I: ¡Allí, allí!

II: ¿Se ven?

I: Allí. ¡Entra un barco!

III: ¿Dónde?

I: ¡Ése!

II: Pero ¿y la vela negra?

III: ¡Tiene la vela negra!

II: ¡La vela negra en señal de duelo!

III: ¡Lo admirable de ver es precisamente eso!

En los corrillos.

I D.: Decían que llegaba al atardecer…

ÍSIDAS: Bueno, se retrasa, siempre se retrasa, todas las veces…

II D.: ¡Viene de Atenas!

I D.: ¿Cuántos días se tarda en venir por mar de Atenas a Creta?

ÍSIDAS: De nada sirve impacientarse, no es la hora.

II D.: ¡Pero ya es la puesta de sol!

ÍSIDAS: Es después, después de la puesta de sol. El cortejo siempre tiene lugar cuando cae la noche, en esa hora muerta, a la luz de las antorchas. Lo vi hace nueve años, cuando llegaron las víctimas de Atenas, fue algo admirable. Ocurre cada nueve años. ¡Y debe ser en la oscuridad! ¡Si no, la diversión termina!

IV: En cuanto se vea la vela negra, el centinela dará la señal con la trompa.

V: Y solo entonces el rey Minos saldrá del palacio con su cortejo de sacerdotes y el pueblo.

ÍSIDAS: Mira, ya vienen. Aquí somos todos extranjeros; no hay cretenses, salvo algunos viejos sin familia o necios sin religión, a quienes no les importa. Los demás ahora están todos encerrados en casa cuidando de sus hijitos.

IV: ¿Cuidando de los hijitos?

ÍSIDAS: Sí, porque si por desgracia el Minotauro -ya sabes, el monstruo del Laberinto-, tuviera hambre y un niño oyera su grito aterrador fuera de casa… y la madre no pudiera taparle rápidamente los oídos y refugiarlo bajo sus faldas, repeliendo al monstruo con algún conjuro… ¡Ay del niño!

I D.: ¿Qué le pasaría? ¡Dinos!

II D.: ¿Moriría?

ÍSIDAS: ¡Podría incluso morir! Empezará por ponerse pálido, luego se tambalea, le fallan las piernas… se le ve encogerse, se le arruga la cara, y desde ese día ya no crecerá más, marchito, como un anciano…

I D.: ¡Ay! ¿Entonces qué pasará con nuestros hijos? ¡Dinos!

ÍSIDAS: No hay peligro, no hace daño a los nuestros. La maldición es para los de aquí, por culpa del rey.

I D.: ¡Ay, menos mal!

II D.: ¡Qué alivio!

ÍSIDAS: Ah, ¿y sabéis por qué los cretenses, refugiados en casa, solo salen después de que haya llegado la vela negra? Yo lo sé, lo sé todo, porque, como digo, ya estuve cuando llegaron la otra vez, hace nueve años.

IV: Dinos, dinos. ¿Por qué?

I D.: Ven y escucha. ¡Hay uno que nos lo explica!

III: ¿Qué dice?

I D.: ¡Cállate, escucha!

ÍSIDAS: Salen fuera sin miedo, porque las víctimas para saciar al monstruo hambriento ya están en tierra, ¿entendéis? Son para él, y entonces los gritos del hambriento inmediatamente pierden ese poder de hacer daño a sus hijos; entonces, aunque el monstruo grite, ¡veréis a los niños riendo, saltando y haciéndole burlas!

V: ¿Pero eso es verdad?

ÍSIDAS: ¡Hechos vividos! ¡Pregunta a cualquiera de aquí!

IV: Tendremos que esperar quién sabe cuánto.

III: Yo me cambio de sitio.

ÍSIDAS: El mejor lugar para verlo es este. El cortejo llega justo por aquí delante, para recibir a las víctimas cuando desembarquen.

III: Pero tú, ¿quién eres? (*Con desconfianza.*)

II D.: Sí, ¿quién eres?

I D.: ¿De dónde eres?

ÍSIDAS: ¿Yo? Soy Ísidas, siciliano. Pero Sicilia la veo de vez en cuando, siempre estoy viajando.

V: ¿Eres comerciante?

ÍSIDAS: Bueno, en cierto modo, sí. Comerciante de noticias.

II D.: ¿De noticias?

I D.: ¿Qué significa comerciante de noticias?

ÍSIDAS: En mi país hay un rey que se llama Cócalo y tiene, imaginad, cincuenta hijas, todas mujeres[2].

III: ¡Qué desdichado! ¿Y ningún hombre?

ÍSIDAS: Todas mujeres. ¡Insaciables!

IV: ¡Ay! Insaciables… ¿De qué?

I D.: ¡Cuidado con no decir obscenidades!

ÍSIDAS: ¡No, no! Insaciables de noticias, de saber qué está pasando en el mundo. Podéis imaginároslas: cincuenta mujeres que viven juntas, ¿de qué hablan entre ellas? Pues yo he encontrado esta manera de buscarme la vida: zarpo, viajo, veo, y luego vuelvo para contárselo… ¡Las satisfago con chismes y ellas me rellenan la bolsa!

V: ¡Has ideado una buena manera!

ÍSIDAS: Se hace lo que se puede…

I D.: ¡Callad, mirad! ¡El centinela!

IV: ¿Qué hace?

III: ¡Va a tocar!

II D.: No, ha cambiado tercio…

CARITEO: Me pregunto de qué sirve tanta pompa
para llevar a la muerte a los infelices,
que la ciudad de Atenas, cada nueve años,

---

2 N. de T. Se refiere al mítico rey de los sicanos en Cámico, el mismo lugar donde los griegos fundaron la ciudad de Akragás (actual Agrigento, de donde era originario Pirandello). En mitología, las hijas de Cócalo son también llamadas "Cocálides".

se ve obligada a enviarnos en tributo.
¡Ay, no nos basta con ser crueles!
Más con pompas, casi orgullosos lo ostentamos;
hasta que al fin los Dioses las desdeñen, me temo.

ÍSIDAS: Acaso la pompa, si lo piensas bien,
ayude a las propias víctimas: las distraiga.

DAINOO: Ofrezca a su última soledad
el apoyo de algo humano, aún:
una regla… ritos a seguir,
cuando para él todo es ya piedra: los hombres;
piedra incluso el cielo, y desea esa absurda
piedra: tiene el mundo en su poder y los dirige.

EXTRANJEROS (*Que miran el mar.*):

II: ¡Ay! ¡Mirad allí! ¡Esos tres barcos!

I: ¿Dónde?

III: ¿Qué ves?

IV: En el horizonte, apenas se ven…

II: Os digo que es el del medio: ¡no tiene las velas como los otros dos!

I D.: ¡Ya llega!

En los corrillos.

IV: ¿Ya llega?

ÍSIDAS: ¿Ya se ve?

I D.: ¡Corre, corre!

IV: ¡El barco de la vela negra!

II: ¡Hay tres barcos y el de la vela negra está en el medio!

DAINOO: No, extranjeros, el barco que estáis esperando

navega solo en medio del mar y solo
vendrá: pues en el mar todos escapan de él
y no se comparecería de nadie que pueda vivir,
sin ayuda ni consuelo que dar,
escoltando a los predestinados.

CARITEO: Y creedme, no hay hombre que pueda
verlo antes que nuestro centinela,
el cual tiene vista de halcón. Esperad,
por tanto, tranquilos, a que toque la trompa.

Muchos de los extranjeros se reúnen alrededor de los dos lugareños cretenses para pedir noticias. Mientras tanto, ha entrado el rey Minos, disfrazado de rapsoda ciego, guiado por su ministro Aristeo, disfrazado de mendigo.

MINOS: Guíame, Aristeo, que tengo los ojos cerrados.

ARISTEO: Te arriesgas a escuchar cosas desagradables aquí.

MINOS: Los extranjeros nos critican erróneamente.

ARISTEO: ¿Pero no te molestan sus críticas?

MINOS: Que nadie les rebata,
ninguno de vosotros, sí que me duele.

ARISTEO: De los extranjeros el pueblo aguanta
todo juicio y no acusa, finge
que no los entiende y así les da igual.

MINOS: Así es, ¡escucha! ¡Esparcidos por todo el mundo hay
horribles rumores sobre nosotros, de infames pecados!

EXTRANJEROS (*Indignados, alrededor de los lugareños.*):

III: ¡Qué horror!

I D.: ¡Infamia!

IV: ¿La comida para el Minotauro
son siete niños y siete niñas?

M. Belén Hernández González

II: ¿Víctimas humanas?

II D.: ¡Pobres inocentes!

I: Ay, qué escándalo, ¿y no os avergonzáis
de llamar fiesta a esta masacre atroz?

II D.: ¡Ay! ¡Y hacen venir a la gente aquí!

IV: ¿Pero entonces realmente existe este monstruo
de cuerpo humano y cabeza de toro?
¿No es una fábula?

II: Ay, ¿está vivo?

III: ¡Un simulacro
creía, una estatua!

I D.: ¡Y yo creía
que de Atenas venían corderos!

ÍSIDAS: No, yo sabía que eran niños, pero pensaba…
¡Nunca jamás hubiera imaginado
que realmente los sacrificarían!
¡Pensaba que era un desfile, un rito, un símbolo!

I: ¡De haberlo sabido, claro que no hubiera venido!

IV: ¡Yo digo que se trata de… engañar a la gente!

I D.: ¡Vamos, llevadme lejos, no quiero estar aquí!
¡Vámonos antes de que empiecen!

MINOS (*Poniéndose en el medio con ímpetu y gran congoja, guiado por Aristeo.*):
Sí, pero después os quedaréis todos…
¡Y os divertiréis! ¡Y con habladurías
horrorizados, descargaréis toda la culpa
sobre nosotros! Ni siquiera os importa saber
el origen, que explica la razón
de nuestro rito. Declararéis:
«¡He visto cosas horribles con estos ojos!»
Así seréis falsos testigos,
pero sinceros, y a esos el mundo les tiene fe.

EXTRANJEROS:

III: ¿Te atreves tildarnos de falsos testigos?

ÍSIDAS: ¡Él es ciego y nos enseña a ver!

II: ¡El origen que explica la razón!

DAINOO (*Al mismo tiempo, aparte.*):
    ¡Pero si es el rey Minos!

I D.: ¿El rey Minos?

DAINOO: ¡Claro! ¡Míralo!

CARITEO: ¿Con esos ropajes?
(*Hace por inclinarse.*)

DAINOO (*Deteniéndolo.*):
    Para; está disfrazado.
    ¡Seguro que no quiere que lo reconozcamos!

ARISTEO (*A los extranjeros.*):
    Tiene una historia para vosotros, maravillosa,
    si la queréis escuchar, se llama…

MINOS: «Concadenados están los hechos humanos»,
    es decir: «Por una cadena de necesidad».

EXTRANJEROS:

I: Bueno, vamos, ¡empieza!

II: ¡Y vosotros, silencio!

ÍSIDAS: ¡Callad, escuchemos al rapsoda!

III: ¡Vamos!

MINOS: En esta tierra, un dios tuvo a Minos
    con una mortal: un hijo tan querido para él
    que todavía le inspira en las conversaciones nocturnas;
    esto es tan cierto como que el rey legisla;
    y los cretenses, en el orden propicio
    logrando grandes cosas con facilidad,
    casi sin querer se hicieron a la mar

M. Belén Hernández González

y ese espacio inmenso los unió en poco tiempo
a la pequeña tierra que no es suficiente.

ARISTEO: Así de una cosa a otra.

MINOS: Y fue tan fácil
que los cretenses dudosos empezaron
a preguntarse si el poder
del mar les pertenecía.

ARISTEO: Esto es la consecuencia
de lo de antes.

MINOS: Sonríe el Rey paterno:
«Bueno, dice, al mismo dios del mar
pediremos confirmación». Y así lo hace.
En la orilla del mar y ante todos
reza: «¡Dios, si tenemos el derecho sobre nuestro mar,
envíame desde las profundidades
una señal: envía uno que, vivo,
no lo imaginaríamos bajo el mar,
de modo que el prodigio sea manifiesto!;
y cualquiera que sea el rehén vivo,
aunque tenga el aspecto de un hombre, a tu templo
lo arrastraré en devota ofrenda».

I: ¿Dios respondió?

II: ¿Envió al rehén?

IV: ¿Y quién era?

DAINOO: Lo veo de nuevo, en la memoria, y todavía tengo escalofríos.

MINOS: Cuéntalo entonces tú que lo viste.

DAINOO: De repente, vimos elevarse al mar,
hecho de espumas ligeras, y una cabeza
que las sacudía con sus altos cuernos,
y las separó con su brillante espalda…

CARITEO: …y las que estaban bajo sus pies se esparcieron

cuando salió del todo…

ARISTEO: ¡…un toro blanco!

EXTRANJEROS:

III: ¿Un toro blanco?

IV: ¿Del fondo del mar?

DAINOO: Se veía más blanco, más ligero y más perspicaz
sobre aquella alfombra de fervorosos mechones
cuando trotó hasta la orilla y tocó la arena.

CARITEO: Imagen silenciosa, soñada
por mil miradas de asombro, levantó
las fosas nasales sonrosadas con un aliento limpio.

MINOS: Entonces nos despertó el resonar
de su bramido que se apoderó de nuestro pecho
al golpear el escudo del cielo.

I D.: ¿Y entonces?

I: ¡Cuenta!

II: ¡Vamos!

ÍSIDAS: ¿Qué pasó entonces?

MINOS: Oh, Poseidón, de verdad eres un dios,
que no supiste perdonar el humano
deseo del rey de apropiarse de
tu toro marino y la artimaña
que tramaste para que te sacrificara
otra tierra, ¡la más hermosa!
Sin embargo, como dios, ¡bien podrías
perdonar! Ay, ¿qué dioses son los nuestros
que no saben perdonar a un hombre justo
y beneficioso para muchos un leve fallo?
Nada, eso es todo.

ÍSIDAS: No blasfemes contra los dioses.

MINOS: Pero cuando nunca hay perdón

entonces la cadena no se rompe,
le crece otro eslabón y luego otro
y otro sin fin, para oprimirnos
más y mejor, más oprimidos; e incluso el brazo
que seguías moviendo, ¡queda oprimido también,
hasta queda oprimido el dedo!

ÍSIDAS: Lloras como si el oprimido fueras tú.

ARISTEO: Mi compañero hace con su arte…
hace como si el dolor imaginado fuera real.

MINOS: Agachó la cabeza con un profundo suspiro
el rey cuando a su esposa Pasífae,
la que para él fecundaba hermosos hijos,
casi en otra persona transformada
ya no lo conoce, y del esposo huye,
admirando solo al divino toro,
y le habla, y le ríe, y entiende todo
lo que pide la fiera bramadora,
le abre las puertas y desaparecen, libres.
Luego la gente de la isla lejana
la vuelve a ver de aquí para allá, siempre con el toro:
corre tras él por montañas y bosques.
Minos sabe que esto es una venganza
del dios. La mujer regresa de la carrera,
imprudente y feliz, aparece con su sonrisa
vana en los labios y con los ojos perdidos.
Con respetuoso horror, Minos da la bienvenida
a la que está de vuelta, y luego al enorme monstruo
que ella da a luz en la casa.

Se escucha el alarmante bramido del Minotauro.

LOS LUGAREÑOS CRETENSES: ¡El Minotauro!

VOZ DE UNA MUJER A LO LEJOS: ¡Ay! ¡Salvad a los niños!

ÍSIDAS: ¿Por qué el rey no lo mató nada más nacer?

MINOS: El dios le hubiera dado un castigo más severo.

DAINOO: Ni siquiera podía encarcelarlo.

MINOS: No. El dios quería que el monstruo fuera libre.

ÍSIDAS: ¿Y cómo es que está encerrado en el Laberinto?

MINOS: El Laberinto no está cerrado. Es tal
que el monstruo deambula y no logra
encontrar la salida. Y han pasado muchos años.

ÍSIDAS: ¿Entonces lo construyó un dios bueno?

ÍCARO: *(Saltando en el medio.)* ¡De hecho lo ves y lo tocas! Un dios
real: ¡lo hay!

ÍSIDAS: ¿Qué estás diciendo tú?

I D.: ¿Qué quieres?

III: ¿Quién eres?

ÍCARO: Y está por encima de mí, igual que está por encima de ti tu
padre, tal vez los dioses estén más arriba, ¡yo no busco a nadie
por encima de mi padre!

DAINOO: Es Ícaro del ateniense Dédalo;
el que construyó el Laberinto.

ÍCARO: ¡Y no busco más que a mi padre! ¡Yo, Ícaro, volaré!¡Yo volaré! ¡Porque mi padre, que todo lo puede, que hace, hace, que lo
hace todo, me hará las alas!

DAINOO: ¡Pero cállate, chico vanidoso!

I P.: Tu padre es un artesano… bueno, ¡eso sí!

II P.: ¿Dédalo? ¡Un asesino!

CARITEO: Es verdad, ¡condenado a muerte por el Areópago!

DAINOO: ¡Porque había matado a su sobrino, un artesano como él!

CARITEO: ¡Talo, el hijo de su hermana!

M. Belén Hernández González

DAINOO: ¡Talo, mejor que él, que observa la mandíbula de una serpiente, y en un instante la convierte en sierra!

I P.: ¡Para serrar la madera!

ÍSIDAS: Un invento muy útil.

DAINOO: ¡Y tu padre lo mató por celos!

CARITEO: ¡Y que nos agradezca haber encontrado refugio y protección aquí!

MINOS: ¡No le des cuerda a esa lengua tan larga!
    La necesidad y voluntad del dios,
    no nuestro deseo de ser crueles,
    una dura cadena, decía, nos encadena
    a estos ritos. ¿Y quién puede culpar a
    Minos, que libra a su pueblo
    del azote de alimentar con la carne
    de nuestros hijos al monstruo? El rey impuso
    este tributo como castigo justo
    primero a Atenas, que con traición
    había matado a su querido hijo Androgeo;
    después a otras gentes, siempre culpables…

ÍCARO (*Interrumpiendo.*): ¡Oye! Si no hubiera estado mi padre que,
    alrededor del monstruo dormido, comenzó
    a levantar esos muros inexpugnables,
    pasillos ciegos y pasajes engañosos,
    ¿qué le habrías dicho a la bestia:
    «Esta, esta es tu carne de caza,
    y deja en paz a los pequeños cretenses»?
    (*A los lugareños.*)
    ¡Deberíais besar por donde él pisa!

DAINOO: ¡Que dé las gracias él, pues le dimos un trabajo!

CARITEO: ¡En Atenas estaba muerto y echado a los perros!

ÍCARO: ¡Él os reconstruyó desde los cimientos la ciudad,
    que era un pueblo de casas viejas!

DAINOO: ¡La bella Cnosos la ha reconstruido

el rey Minos!

CARITEO: ¡Y no tu padre,
el pobre artesano!

MINOS: A él también le corresponde parte
del mérito: la idea de la obra...

ÍCARO: ¡Ay, tú eres justo! ¡Te conozco!

MINOS *(Con voz grave, aparte.)*: ¡Cállate!

ÍCARO: ¡Solo te agradecía tu condescendencia! ¡Una parte del mérito es para él también! ¡Ay, ay! ¿Sabéis lo que dice Dédalo? Dice:
un hombre que se siente grande, como un rey *(mira fijamente a
Minos.)*, ya no puede estar en una casa pequeña; ¡la quiere grande, como su grandeza! ¡Y la quiere de Dédalo! ¡Un palacio! Entonces tú, artesano, se dice Dédalo: hazle el palacio bien grande,
tan grande que el rey se sienta pequeño dentro y la grandeza sea
toda tuya, tú lo has hecho, ¡y para siempre! ¡Ay, ay! ¡Ay, ay! ¡Así
que Dédalo os supera, estúpidos!

DAINOO *(Insinuante.)*: ¿Pero por qué no nos cuentas ahora qué te
dice tu padre a ti, cuando le rompes el alma con esas alas tuyas?

Ícaro calla, mortificado; los lugareños se echan a reír.

CARITEO: Ay, escuchad: Dédalo está con sus pensamientos, ni siquiera entiende lo que tú le dices... Ay, pero mira con recelo,
como un perro al que le ronza una mosca, luego pierde la paciencia y...

ÍCARO *(Con tristeza.)*: Dice que volar no sirve para nada.

CARITEO: Dice que, si no se te va esa obsesión, te hace volar él, ¡a
patadas! *(Todos se ríen.)*

ÍCARO *(Al igual que antes.)*: Dice: «Yo solo hago lo que sirve para
algo».

DAINOO: ¿Y para qué sirve volar? ¡Venga, cuéntanos: te escuchamos!

CARITEO: No, ¡a él le serviría para bajar su cabeza de las nubes! (*Todos se ríen; Ícaro no se da cuenta, absorto.*)

ÍCARO (*Infantil, con un suspiro.*): Sé que tendré que rogarle durante mucho tiempo.

DAINOO: ¿Para qué no te de esa patada? (*Todos se ríen.*)

ÍCARO (*Furioso.*): ¡Dios mío! ¡Perros! ¡Ay, tú me liberarás de ellos, padre! Y yo desde el cielo os escupo, escupo vuestros estúpidos rostros erguidos, perros cretenses. (*Señalando a Minos.*) ¡Rey perro, padre de toros, que te vas disculpando por tus crímenes entre los extranjeros, disfrazado de rapsoda!

Movimiento de asombro entre los extranjeros, horror entre los lugareños cretenses. Minos, tapándose el rostro con el manto, se va furioso con Aristeo, que grita.

ARISTEO: ¡Ten cuidado, Ícaro! (*A los lugareños.*) ¡Azotadlo! ¡Azotadlo!

Ícaro huye por la escena de un lado a otro, perseguido, sin dejarse atrapar; extasiado hace una pirueta arriesgada, pero antes grita indignado a espaldas de Minos.

ÍCARO: ¡Perro, que tienes a mi padre como a un esclavo! Y me indigna que no lo tratéis como a un príncipe en la corte: ay, extranjeros, ¿sabéis lo que hacen? Le pegan con varas: ¡para obligarlo a encontrar, a encontrar las cosas útiles y hermosas que esperan de él! Si no las encuentra de inmediato, ¡le pegan! ¡Perros! ¡Ay! ¡Ay! ¡No me pilláis! Y él se resigna como si este fuera su destino: ¡no lo entiendo! (*Está a salvo en la muralla tras cerrar la verja de la escalera.*)

DAINOO (*Exhalando, cansado.*): Si te callas, te dejaremos en paz.

ÍCARO: ¡Extranjeros, mi padre debería ser el rey! ¡Si él quisiera, inventaría artilugios con los que os atraparía, os pegaría, os doblegaría a todos! A él le suplico: Sometamos el reino entre tú y yo; ¡te seré fiel! ¡Pero a él no le importa! *(Baja de un salto porque los demás han logrado abrir la verja y subir.)* A mí tampoco me importa, ¡solo pienso en eso cuando me irritáis! Ay, no tengáis miedo: yo no quiero nada más que liberarme… *(Alcanzado por un golpe en la cabeza se tambalea, cae y grita.)* ¡de todos! *(Y se derrumba.)*

LUGAREÑOS *(Poniéndose a su alrededor.)*:

I: ¡Vete, no estás muerto!

II: ¡Tienes lo que estabas buscando!

III: ¡Ahora cállate!

DAINOO *(A los extranjeros, como excusa.)*: De vez en cuando hay que dejar que corra su mala sangre.

CARITEO: Le pegamos al padre para que trabaje y al hijo para que se calle.

ÍCARO *(En el suelo.)*: ¡No me callo! *(Asustado por los palos levantados.)* No os digo nada a vosotros, ¡me despido del sol que se está poniendo! ¿O es que no puedo despedirme del sol? ¡Adiós, sol! ¡Hasta mañana! *(Se pone en pie de un salto.)* ¡Pero llegará el día en que correré detrás de ti y nunca más te perderé!

El centinela toca la trompa y, excepto Ícaro, todos corren hacia las gradas para mirar, hablando en voz baja, como asustados. Trompas lejanas responden en la ciudad.

EXTRANJEROS:

I: ¡La señal!

II: ¡El barco ha aparecido!

III: ¡Vamos, vamos a verlo!

IV: Sí, así es. ¡Mira allí!

LUGAREÑOS:

I: No sé si es justo.

II: Los dioses lo permiten.

III: Incluso Minos con la frente levantada

nos asegura que es justo.

II: Confío en él.

I: Aunque está dolido con los dioses.

DAINOO: Ha dicho:

Si ellos no pierden nada, libres

de su voluntad, nada podemos

perder nosotros, es lo que el destino ha atado.

II: Es justo.

III: Es justo.

(Volviendo a subir hacia el fondo.)

ÍCARO *(Para sí.)*: La tierra, la tierra os ata, os tiene cogidos por los pies, por eso decís: es justo, y de repente pesáis como montañas con los pies pesados plantados en la tierra. ¡Es justo! ¿Qué? ¡Este miedo hacia mí, hacia mi forma humana! ¡Ese miedo, que cuando se convierte en un grito en el pecho, es un grito que rompe el cielo! *(Con agonía.)* Pasos lentos, fatiga lenta, barco lento, una angustia plena y tensa a punto de estallar: ¡debe llegar en el barco lento, con dificultad, y encontrar fatigosamente la tierra y los pasos aún más lentos del ritual! ¡Oh, caer! ¡El placer de caer como un pájaro en picado! ¡Has cavado tu propia tumba con los huesos llenos de aire!

Ariadna aparece y se postra en ferviente oración.

ARIADNA: Cállate, Ícaro.

ÍCARO *(Con desdén y sarcasmo.)*: ¿Estoy perturbando tu oración?

ARIADNA: Deberías rezar conmigo. Estos vienen de tu tierra.

ÍCARO: Renuevas tus votos a cada llegada; pero no creo que sean sinceros.

ARIADNA: ¿Por qué no los crees sinceros?

ÍCARO: ¿Porque eres hija de Minos, Ariadna, y él mismo los condenó a morir, como un rey juez?

ARIADNA: ¡Pero era justo! ¡Tenía que hacerlo!

ÍCARO: Sí. Y es una alegría sobrehumana, ¿te lo imaginas? ¡Un rey repartiendo condenas con justicia! ¡Ay! ¡Tan alegremente que le da miedo! Y entonces: ¡Ay, si una señal de arriba nos concediera el indulto!

ARIADNA: ¡Y ofrece a su hija, Ícaro! ¡Y espero todas las veces que los dioses acepten mi vida a cambio!

ÍCARO: Dice: «Veamos lo que nos dicen allí arriba». Que Ariadna rece, que rece: eso es bueno. Es piadoso.

ARIADNA: Ay, cállate. (*Rezando.*) ¡Ay, vosotros que podéis, no consintáis que arribe ese barco! ¡Ay, detened esa proa en el último momento! ¡Hacedlo, hacedlo! ¡Que ni la fuerza de los remos ni el empuje del viento valgan para moverlo más! Ay, si lo viéramos como un milagro con su proa inútil levantada en el embarcadero, así regrese y retroceda y evite el puerto por mi voto; y con la popa redonda abriéndose camino a su tierra vuelvan, regresen con sus madres, a salvo y renacidos, los niños. ¡Y para esto que el barco se lleve la fuerza de mi sangre pura y el aliento de mi pecho, y que la vista de mis ojos lo guíen en el camino de regreso! Hacedlo, hacedlo, hacedlo, oh grandes dioses: ¡yo estoy lista! (*Se queda un momento postrada en la ofrenda, pero aparece la vela negra que avanza, luego grita.*) ¡Detente!

Movimiento entre los espectadores del embarcadero, entre exclamaciones confusas y leves: «—¡Aquí está! —¡Ha venido! —¿Y los niños? —Míralos, míralos: ahí. —¿Dónde? —¡Los veo! —¡Silencio!». En una pausa de quietud, se oye correr la cadena del ancla y una voz: «El cabo de amarre:

¡a vosotros!». Los espectadores se arrodillan, el centinela vuelve a tocar la trompa. Minos desciende de la ciudad vestido con túnicas reales, junto con los sacerdotes y el pueblo. En el silencio Ícaro le dice a Ariadna, con una sonrisa.

ÍCARO: Aquí está, ha echado anclas y atraca, atan el cabo de amarre. Pero tu súplica fue hermosa. *(Se va.)*

Los niños atenienses con túnicas de luto y Teseo vestido de la misma manera delante de ellos, suben desde mar a la muralla, para volver a bajar al escenario. Los escoltan hombres con antorchas.

MINOS: Cójalos, sacerdote, son suyos.

TESEO *(A los niños, en secreto.)*:
 Aquí es: ahora fingid mucho miedo.
 Pero no temáis nada estando conmigo.

MINOS: Quiero a otro niño y no a ti, joven.

TESEO: Proveeré de más comida al monstruo, vamos, alégrate.

MINOS: Estos no son los pactos con Atenas.

TESEO: Uno murió en el mar, y yo ocupé su lugar.

MINOS: Mientes, porque no puede morir en el camino
 una víctima consagrada al dios que la espera.

ARIADNA: Déjalo, padre, que así tal vez salve
 la vida de un niño que le sea más querida
 que la suya; y yo lo comprendo bien.

MINOS: El dios quiere víctimas inmaculadas.

ARIADNA: ¿Y el sacrificio no lo hace puro?

MINOS: Yo temo el engaño donde tú ves amor.
 Él ya me mintió con franqueza.

ARIADNA: Creo que no es una culpa creerle,
 ni tampoco es culpa suya decir otra cosa.

TESEO: Ruega por mi muerte, bendita.

ARIADNA: Si la muerte quieres, yo la rogaré por ti:
sin embargo, me gustaría que tuvieras otra
porque esta será amarga, querido joven.

MINOS: ¿Cómo es que cuando has mencionado la amarga muerte
que les espera, los niños no han llorado?
Los veo tranquilos, de hecho, a salvo.
Las víctimas nunca estuvieron como ellos
están: confiando en ti, joven.
¡Ahora tengo la certeza de que vienes con algún engaño!

TESEO: ¿Qué armas tengo para el engaño? Un corazón fuerte
en el pecho y estos brazos: no tengo nada más.

MINOS: ¿Quién eres entonces? ¿Y cuál es tu intención?

TESEO: Tú me conoces, rey, desde que llegaste
a mi triste hogar para imponer el pacto:
yo soy hijo del rey de Atenas, Teseo.
Ningún engaño he preparado, créeme:
intento una prueba lícita y mortal.

MINOS: Bueno, di.

TESEO: Me presento al monstruo
como ellos: una víctima. Y él,
enorme, creerá que agarra a un niño:
yo no resisto y espero para agarrarlo
por los cuernos; y mientras me quede vida,
me rompa las costillas con los puños,
me desuelle con las uñas, lucharé retorciéndolo
para romperle el cuello. La fuerza humana
contra el poder divino y bestial:
realmente no engañas al dios al permitir
esta prueba. Los dioses serán los jueces. *(Pausa.)*

ARIADNA: Padre, es lícito. Di que le permites
hacer la prueba.

DAINOO: Así como tú nos liberaste

de la sucia deuda, así
él, como rey, quiere liberar a los suyos.

CARITEO: Mientras arriba los dioses no se sientan ofendidos,
es lícito aquí abajo que entre nosotros
estemos de acuerdo, porque los males son comunes.

ARIADNA: Quizá con él se cumpla mi voto.
y en lugar de quitarme la vida, ofrezca la suya.

LUGAREÑOS:

I: Quizás también te libere de tus remordimientos.

ARIADNA *(Con fervor.)*:
¡Quizás los mismos dioses agradezcan la prueba!

LUGAREÑOS:

II: No digas eso…

III: Es tu esperanza…

ARIADNA: ¡No, ya es una promesa! ¡Estoy segura de ello!

LUGAREÑOS:

II: ¿Una promesa?

I: ¿Dices de los dioses?

ARIADNA: Sí. ¡Porque él vino por el mar!

LUGAREÑOS:

I: ¿Y qué?

ARIADNA: ¿Acaso el dios del mar no era conocedor
de la intención oculta en su pecho?

DAINOO: Claro, lo sabía.

CARITEO: Nada se oculta a los dioses.

ARIADNA: ¿Y por qué el dios no hundió el barco
que lo llevaba?

CARITEO: ¡Eso es verdad!

DAINOO: ¡Teseo ha llegado
      sano y salvo!

ARIADNA: ¡Y por eso veo
      Que ya el propio dios agradece el sacrificio,
      no de más inocentes, sino del monstruo!
      De lo contrario, Teseo no habría venido hasta aquí.

DAINOO: Creo que interpretas bien su llegada.

EXTRANJEROS:

I: ¡Es verdad!

II: ¡Es verdad!

I D.: ¡Bien, bien, Ariadna!

TESEO: No, Ariadna, si Ariadna te llamas,
      una mente cándida tienes, si ya eres feliz.
      Pero quizás el dios me destinó al monstruo.

ARIADNA (Con éxtasis.): No, no, Teseo, no, no será, no puedo
      pensarlo, ¡y tú tampoco has de hacerlo!
      Tu fuerza apoyaremos con toda nuestra alma,
      pensando en ti mientras luchas y rezando,
      ¡y tú, querido, invencible, invencible
      serás! ¡Así debe ser! ¡Ten fe!

TESEO: Con tu corazón trepidante refuerzas al fuerte.
      Gracias, muchacha, pero todavía está en el aire
      el consentimiento del rey.

DAINOO: Minos está en silencio.

CARITEO: Sigue foscos pensamientos.

DAINOO: Pide consejo
      al dios.

EXTRANJEROS:

I: Tiene el rostro contraído.

II: Cállate, escuchemos.

MINOS: Harás la prueba.
(Levanta el brazo para detener el júbilo.)
Pero incluso si vences,
cambias una áspera muerte por otra larga,
solo esta preocupación me mantuvo en duda;
en vano obtendrás otra recompensa,
buscando tu generoso corazón.

TESEO: No te entiendo.

MINOS: Si no sacias el hambre,
de hambre mueres, con tus compañeros, encerrado.

TESEO ¿No me dejarás salir del Laberinto?

MINOS: Sí, nosotros quisiéramos, pero tú no podrás.

LUGAREÑOS:

I: ¡Es verdad!

II: ¡Es verdad!

III: ¡No hay salida, mi héroe!

I: ¡Cuando estás dentro, el camino de regreso
se pierde!

DAINOO: ¡Incluso si vagaras
durante años y años por esos caminos enmarañados
nunca podrías encontrar la salida!

ÍSIDAS: Piensa: ¡el monstruo la ha estado buscando durante muchos años!

CARITEO: ¡Y no la encuentra!

DAINOO: ¡No se puede encontrar!

CARITEO: ¡Ay, qué destino te aguarda!

DAINOO: ¡Quizás sea mejor
que te dejes despedazar!

ARIADNA: ¡No! ¡Callad!
Dédalo, padre, si haces venir a Dédalo:

¡Seguro que él sabe cuál es el camino secreto!

MINOS: ¿Dédalo? No lo recuerda. En secreto,
(lo vi y fingí no verlo)
intentó, llorando, explicar el enredo
a los de Atenas en otras ocasiones: en vano.
E incluso si lo recordara, ¿después Teseo
recordaría las vueltas de un pasadizo
tan engañoso? No lo creo. Pero habla
esta noche con él, te lo concedo;
porque el rito exige que el umbral se cruce
mañana al amanecer. Y ahora retirémonos.

(El cortejo se mueve; Ícaro sale y dice.)

ÍCARO: ¡Desde arriba, con las alas, sí vería
el camino correcto! Pero no os lo puedo indicar
porque decís: ¿para qué sirven las alas?
(Se queda agachado para verlos salir.)

Telón

M. Belén Hernández González

SEGUNDO ACTO

Taller de Dédalo, cerca del Laberinto. Se muestra una sala grande en bajo, en la que figuran un banco de carpintero, la forja de un herrero, un bloque con un yunque, un torno, un tablero de dibujo con escuadras, compases, etc. Al fondo se aprecia el hueco sin puerta del umbral y una pequeña ventana a través de la cual se ve la entrada al Laberinto. Es noche cerrada. De vez en cuando se escuchan lejanos cánticos de invocación, sonidos de trompa y clamores apagados desde la ciudad en vela. Dos lámparas de aceite iluminan el interior, destellos de hogueras y antorchas el exterior. Teseo y Ariadna, sentados uno junto al otro en un banco, y Naúcrate, sentada en el suelo lejos de ellos, esperan, cansados y angustiados. Larga pausa al principio.

ARIADNA: ¿Dónde estará? ¿Por qué se habrá ido? *(Pausa.)* Amanecerá pronto... *(Pausa.)* Ay, Naúcrate, ¿dónde crees que estará? *(Naúcrate sacude la cabeza; permanece muda.)* ¡Deberías saber un poco más de la vida de tu marido!

TESEO: *(Tras otra pausa, se levanta bruscamente y se dirige hacia Ariadna.)* ¡Yo, Teseo, estoy esperando a Dédalo! ¡Por complacerte! Soy un mendigo frente a una puerta que permanece cerrada.

ARIADNA: *(Le coge la mano.)* ¿Qué otra esperanza tenemos de salvarnos? Dédalo volverá. Seamos pacientes.

TESEO: ¡Seamos, dices! Ya ni pensaba en ti. Cuando volví a escuchar tu voz, me sorprendió que siguieras aquí.

ARIADNA: Te sentía cerca, sentía que nos hacíamos compañía.

TESEO: *(Soltándole la mano.)* ¡Déjame solo! No tiene sentido unir nuestros destinos. Duerme, Ariadna, duérmete. Yo volveré con los niños a prepararme para lo que me espera.

ARIADNA: *(Con una sonrisa.)* Entonces ódiame. Mientras me alejes de ti por amor, ¿cómo pretendes que sea capaz de separarme de ti?

TESEO: Un hombre perdido no merece amor.

ARIADNA: ¿Qué dices? Si yo estuviese marcada por la muerte... ¿tú dejarías de quererme?

TESEO: *(Con dureza.)* Eso creo. Creo que dejaría de quererte. ¿De que serviría?

ARIADNA: *(Al poco, humillada.)* Está claro que Ariadna muerta no vale nada.

TESEO: *(Con ira.)* ¿Y Teseo muerto? *(Anticipándose.)* ¡Anda, cállate! ¡Que sepas que ahora me arrepiento de haberme metido en este trance! ¡Sí, me arrepiento! ¡Ha sido inútil: lo he hecho para nada! Por eso me arrepiento. Ariadna, Ariadna, ¡la vida vale la pena! Yo no pensaba darla en vano. Tenlo en cuenta, tú que eres libre de vivir.

ARIADNA: Bueno, eso es lo primero que se aprende, perdona si te replico. ¡Vaya si vale la pena la vida! Pero ¡yo espero que la vivamos!

TESEO: *(Con sorna.)* ¿Confías en Dédalo?

ARIADNA: *(Abstraída.)* En Dédalo, sí... *(Presente.)* ¡Oh, creo en mí misma! Debe ser porque querías asustarme, que yo vuelvo con mis espíritus. *(Se ríe un poco.)* Me temo que no te voy a hacer demasiado caso. *(Teseo, conmovido, le acaricia el cabello.)* Tú me apartas y yo me quedo, tú lo ves todo negro y yo me río... Mal, muy mal, muchacha: la esposa de un héroe debe cerciorarse de atenerse siempre... a su imponente voluntad. *(Permanece en silencio mientras Teseo la acaricia. Al cabo de un rato en silencio, Naúcrate empieza a hablar, cansada, sin moverse.)*

NAÚCRATE: Es un hombre extraño, señora: no llegaré nunca a conocerlo. Siempre dice que odia a sus compatriotas que lo han condenado y obligado a llevar la vida que lleva aquí, como extranjero y siervo... Y, sin embargo, cada vez que los de Atenas vienen para ser sacrificados, se desespera... se va, vuelve, no sabe qué hacer... entonces grita: «¡Ya estarán todos muertos!». Y con las mismas comienza a martillear de nuevo.

TESEO: (*Mira a través de la puerta del Laberinto.*)
   No reprimirá el remordimiento con el martillo.
   Pero ¡alabado sea él, que hizo el Laberinto!
   Este matadero de conciudadanos.
   (*Breve pausa.*)
   Y le gusta tenerlo a la vista, aquí, al lado de casa.
   ¡Menudo estómago!

ARIADNA: El rey así lo quiso, de modo que, si el monstruo sale, irá primero a por él y su hijo. Y no podrá cerrar la casa, porque no hay puerta.

NAÚCRATE: Has de hallar una prisión - le ordenaron: -, pero sin cadenas: abierta. Debes impedir que el Minotauro escape, mas sin vulnerar su derecho a ser libre. ¡Tú te verías perdido ante semejante petición!

ARIADNA: Yo seguramente la habría dado por imposible.

NAÚCRATE: Tuvo que meditar la solución mientras sufría los golpes y gemía de dolor... Y entonces gritó: «¡Fuerte! ¡Más fuerte! ¡Ya veo cómo!».

TESEO: ¡Y ojalá lo que vio lo hubiera cegado!
   Liberó a Minos y a los cretenses de su castigo,
   y a cambio nos vinculó a nosotros, los de su tierra.
   Mas, alabado sea él, que ignora lo imposible!
   Su gloria es también el orgullo de Atenas, ¿qué nos cuesta?
   ¡Debemos darle las gracias!

ARIADNA: La obra se ha vuelto en contra del obrero. Dédalo está más avergonzado de ella que orgulloso.

NAÚCRATE: Él dice: «Soy un siervo. Mi destino es encontrar aquello que otros necesitan».

TESEO: Expía la pena del primer asesinato, pero se reafirma en ella cada día: y es un siervo.

DÉDALO: (*Entra, aturdido.*) ¿En qué puedo serviros?

ARIADNA: ¡Oh, Dédalo! Escucha...

DÉDALO: *(Con impaciencia.)* Lo sé, sé lo que queréis, y ya estoy pensando en ello. Pero ¡un momento! *(Se sienta y se dirige a Naúcrate con rudeza.)* ¡Levántate y tráeme algo de beber! ¡Vamos! *(Naúcrate obedece.)* Al menos sobre ella mando yo. *(A Teseo.)* Oh, ateniense...

TESEO: Soy Teseo, el hijo de tu rey.

ARIADNA: ¡Dédalo! ¡Dédalo, tienes que ayudarlo!

TESEO: Yo aborrezco hacerlo, pero por esos niños que van a morir en tu Laberinto, te demando si hay algún modo de salvarnos.

DÉDALO: *(Tras beber)* Pensé que habías venido a matarme... Si no, esta vez no habría escapado. ¡Basta de huir de los hijos de Atenas! ¡No es asunto mío si los sacrifican o no! *(Ariadna retiene a Teseo, cuya ira lo impulsa contra Dédalo; él con ira)* ¡No me importa lo que pienses! Tú, vosotros, que preferís elegirlos entre los descendientes de Cécrope, ¡sangre de mi sangre! ¡Gracias por la consideración!

TESEO: Entiéndeme, no he venido a hablar contigo, ni a suplicarte. Sigo siendo tu juez, aunque hayas huido de Atenas. No lloro como un niño al entrar entre esas paredes, sino que te acuso. Y tú que clavas clavos a golpe de martillo, sabrás que una voz es capaz de clavarse cual clavo en tu alma, un clavo imposible de sacar. *(Se dispone a irse)*.

ARIADNA: *(Se dirige a Teseo y lo retiene.)* ¡Por favor, ten piedad de mí! *(A Dédalo.)* ¡Dédalo, por favor, te lo ruego yo!

DÉDALO: *(Se levanta de inmediato)* ¿Qué puedo decir? No es necesario, hija... digo: mi señora. A él no sé qué responderle, pero debes saber que no pienso en otra cosa. ¡Es de risa! El mero hecho de que alguien necesite algo que no existe... ¿no lo sabes? Mi cabeza se abre, asimila lo que hay que hacer y se vuelve a cerrar. Y yo, sordo y ciego al mundo, ¡comienzo a darle vueltas!

ARIADNA: ¿Y crees que lo resolverás?

DÉDALO: *(Abstraído.)* Sí, sí... no sé cómo. *(Se golpea la frente y ríe.)* Sólo hay una cosa que me complace no dejar entrar: ¡alto ahí!

M. Belén Hernández González

Las alas, las alas que mi hijo Ícaro querría de mí, para volar. Ay, no, querido, la cabeza de tu padre debes dejarla en paz: al menos tú, ¿eh? (*Se tambalea, con pena.*) Porque es una pena, ¿sabes? La satisfacción, si es que la hay, se va junto con ese momento feliz en que has encontrado la solución... y te queda la náusea... un vacío amargo de hastío, cansancio... y soledad. El ejercicio de la fuerza es mejor, Teseo, porque cuando estás cansado duermes bien, y te levantas más fuerte que antes.

ARIADNA: Dédalo, piensa en nosotros...

DÉDALO: (*Con ira.*) ¡Vale, vale! (*La mira con hostilidad.*) Sí, pensaré en vosotros, ¡mi penitencia no os debe afectar de ninguna manera, ni por un segundo!

ARIADNA: El tiempo, Dédalo, el tiempo... ¡ya estamos con la muerte en la boca!

TESEO: Ah, no puedo siquiera soportar que le supliques tú, Ariadna.

DÉDALO: ¡Ojalá fuera un dios! ¡Un dios al que se le suplica y se le reza, que concede misericordia si esa es su voluntad! Pero yo no tengo más que una cabeza, como la que vosotros mantenéis alta sobre los hombros, descansada con nobles pensamientos en la despejada frente: ¡con dignidad! ¡Mientras esta, baja, está completamente fruncida, y delira de fiebre y confusión! (*calmándose*). Me la estoy estrujando por ti, querida; y no hace falta que me supliques: ¡es una cabeza humana! ¡Mejor pégame! (*dócil*). Y no tengas miedo, no pierdo el tiempo si hablo. Al hablar, estimulo mis ideas, ¿comprendes? Y a la vez camino, hablo y camino. ¡Déjame hacerlo!

Irrumpe Ícaro, con la ropa y la piel desgarradas y ensangrentadas, y dos alas de águila cortadas sobre los hombros. Las arroja al suelo.

ÍCARO: ¡Padre, alas de águila! ¡Mira! ¡Alas de águila! ¡Se las corté, ya lo tengo!

NAÚCRATE: *(De inmediato)* ¡Ícaro! ¡Estás herido!

DÉDALO: *(A la vez)* ¡Anda, vete! ¡Vete, inmediatamente!

ÍCARO: ¡Te digo que lo tengo! *(soltándose de Naúcrate.)* ¡No es nada, mamá! ¡Ya lo tengo! ¡Tú solo tienes que atármelas a los brazos! *(A Teseo.)* Y yo desde lo alto podré ver el camino correcto: te mostraré la salida del Laberinto. ¡He encontrado yo la solución!

NAÚCRATE: ¡Ay, hijo!

ÍCARO: ¡Y voy a volar! ¡Por fin servirá de algo!

TESEO: Ícaro, ahora si me salvo estaré aún más contento, ¡porque te lo deberé a ti y no a él!

ARIADNA: ¿Y podrás volar con estas alas? *(A Dédalo, que no se ha movido y sonríe con amargura.)* ¿Podrá volar con estas alas?

ÍCARO: ¡Ya sé volar! ¡El águila ha sido mi maestra durante la lucha! Ya he respirado el aire de las alturas y el viento entre las plumas, allá en la montaña. ¡Ella me ha enseñado! Quería aprender mejor, así que no le daba muerte, ¡fui matando a sus crías en el nido para atraerla hacia mí! ¡Entonces le corté las alas, y ahora estas serán las mías! ¡Mis alas! ¡Qué fuertes! ¡y qué grandes! *(Cae al suelo, exhausto y feliz.)* Pero ahora me callo, prudente: ahora le toca a mi padre. Silencio, y esperad, que mire bien y piense, aquí están los hombros y los brazos, y aquí están las alas…. ¡Vamos, padre mío! ¡Es el momento de volar! ¡Ay, qué feliz soy! *(Se tiende en el suelo).*

Ariadna coge a Teseo de la mano y le hace sentarse en el banco junto a ella; Naúcrate se arrodilla junto a Ícaro con una ampolla en la mano; sólo Dédalo está de pie.

NAÚCRATE: *(Con un hilo de voz.)* Espera, te alivio con aceite el ardor de tus heridas.

ÍCARO: *(Con un hilo de voz.)* Tal vez me duerma y cante mientras tanto.

M. Belén Hernández González

DÉDALO: *(Tras una pausa, sacude la cabeza.)* Pues ya está todo hecho... ¡y gracias a mi hijo! *(A Teseo.)* ¡Y ahora aceptas la salvación de buen grado, pues se la debes a él y no a mí! *(Se ríe.)*

ARIADNA: ¡Ay, no te rías, Dédalo!¡No te rías de esa manera!

ÍCARO: *(Se pone de rodillas, enfadado.)* ¿Por qué te ríes? ¿Porque no se puede? ¡No es cierto que no se puede!

TESEO: *(Con ira)* Tú quieres humillar a tu hijo, que se ha jactado de hallar la solución antes que tú, humillarme a mí también, y hacer que tu labor prevalezca sobre todo lo demás, para obtener mi reconocimiento. ¡Te entiendo! ¡Pero no, Dédalo! Si se tienen alas y ganas, ganas de despegar del suelo... ¡está todo hecho! Tu labor es de mecánico, ¡pero has encontrado mucho más! *(Se levanta.)* Y haré que te golpeen hasta que encuentres, y si no encuentras será que no quieres encontrar, ¡entonces te daré muerte, así al final pagarás por tus delitos!

DÉDALO: *(Con frío desprecio.)* Sí, ateniense. Lo que dices es lógico ¡tiene sentido! Pero en este caso se trata de acoplar a un cuerpo humano unas alas diseñadas para otro cuerpo: el de un pájaro. ¡Vamos, intentadlo vosotros que sois expertos! ¡Vamos a soñar: aquí las alas y aquí los brazos! ¡En teoría está hecho! Pero en la práctica ¿para qué sirven? Solo plantean una ecuación.

TESEO: ¿Qué quieres decir?

DÉDALO: He aquí la cuestión: con tales alas volará tal cuerpo, pero ¿con qué alas volará este otro cuerpo? Y si lo resuelves, ¿sabes lo que hallarás? Solo una idea de las alas que necesitas. ¡Una idea!

ÍCARO: ¿Una idea? ¿Cómo?

DÉDALO: ¡Una imagen, hijo! Una vez la tengas, tendremos que construirlas. Hay que construirlas.

ÍCARO: ¿Y éstas?

DÉDALO: Pues nada, un modelo engañoso que a cada paso que des puede desviarte del camino con malos consejos e indicaciones ilusorias, si no hallas la vía correcta a través del pensamiento riguroso y la precisión en los cálculos.

TESEO: ¿Y cuál es la vía correcta?

DÉDALO: Pues otra distinta y, desde luego, completamente nueva y muy alejada de esa que te imaginas.

Teseo se sienta con un gesto de tristeza. Todos guardan silencio. Ícaro se arrodilla, tembloroso.

ÍCARO: ¿Y ahora... qué? *(Estalla en un grito desesperado y cae al suelo.)* ¡Nada! ¡Nunca lo voy a conseguir! Ay... ¿qué voy a hacer con mi vida? ¡Ni siquiera ahora, que me necesitan! ¡Ni siquiera ahora! ¡Nunca voy a poder! ¡Nunca! *(Se incorpora de un salto.)* ¡Ya no quiero seguir viviendo!

DÉDALO: *(Enfadado, lo agarra por los hombros y lo zarandea.)* ¡Basta! ¡Cállate! *(Enseguida con cariño.)* Calla, hijo. No debes llorar. Escucha, te prometo... *(Al guiño de Ícaro)* ¡Ahora no! ¡Ahora no! ¡Espera!

ÍCARO: ¿Entonces cuándo?

DÉDALO: *(Sonríe.)*
Cuando vuelvas a confiar en mí.
(Se anticipa.)
Espera, hace falta una cosa más.
(A Teseo.)
Tú, que no has venido a atar sino, generoso, a liberar los pecados de tantos,
　　　　　　(Con intencionalidad.)
incluso de Atenas y Minos...
¡libérame a mí también si te salvo, Teseo!
(Cae de rodillas frente a él.)
Quiero recuperar mi patria, la hermosa Atenas, y volver con los míos, con mis derechos,
ser un hombre... un hombre honesto como cualquiera,
del que nadie espera cosas elevadas, nuevas, diferentes:
Hacer hermosas mesas lisas con la cepilladora.
¡Un oficio bienoliente, como los demás!

¡Y descansar, y olvidar! Y la patria,
tierra de lo verdadero, lo real y lo vivo.
¡Ayúdame a recuperarme al fin de esta
locura interminable que ha sido mi vida!
(*Teseo guarda silencio. Dédalo suplica.*)
Si te salvo... ¡Contesta! Si te salvo...

TESEO: No creo que vuelvas a Atenas contrito, como
debe hacer un hombre absuelto, sino orgulloso de
estar por encima de la ley con tu ingenio.

Dédalo se levanta, con rostro torvo.

ARIADNA: (*Interviene con decisión.*)
Pero por mi boca Teseo te promete
que volverás a Atenas con nosotros.

DÉDALO: (*A Teseo.*)
Pero tú no hablas.

TESEO: (*Al cabo de un rato.*)
Pedirás perdón a los jueces y al pueblo, al llegar
y yo pediré la gracia para ti al rey.

DÉDALO: De modo que ¿debo ponerme a merced de tu
buen talento?

TESEO: No somos embaucadores. Puedes confiar en
nosotros.

ÍCARO: Y mis alas, padre... ¿qué pasa con mis alas?

DÉDALO: (*Dominando el impulso de responder a Teseo.*)
Escucha, hijo mío... Cuando me embriague la paz
que me proporcionará el reencuentro con mi
amada tierra y ya no rinda servidumbre a ningún
amo, entonces, hijo mío, emprenderé esta última
tarea por ti ...

ÍCARO: ¡Sí, padre, sí!

DÉDALO: Me alegrará mucho verte volar...

ÍCARO: ¡Sí, padre!

DÉDALO: ¡Ahí arriba serás feliz, hijo mío! ¡Te seguiré con la mirada...

ÍCARO: ...mientras bebo la luz!
Allá donde únicamente la luz oscila
en el aire: ¡alma clara del aire!
Y desciende y se eleva en busca de algo
sobre lo que posarse y brillar,
¡pero sólo me tiene a mí, Ícaro,
y sobre mí se cierne! ¡Y yo soy llama!
Luego no me encuentra, pues la esquivo y engaño.
¡Llevaré en los labios la voz de una madre a un
  hijo lejano! ¡Y a vosotros *(riendo)*
os traeré noticias del grandioso rostro de Zeus!

Se produce un silencio de consternación. Entra Minos, con el ceño fruncido, acompañado de Aristeo. Algunos hombres armados y los que le habían acompañado con antorchas se quedan en el umbral de la puerta.

MINOS: *(A Ariadna.)* Y tú estabas aquí, y no a mi lado, tú que eres sangre de mi sangre, y en mi nombre puedes elevar tu voz pura a los dioses, ¡la única quizás que les agrada! Has abandonado a tu pueblo, y has faltado a los ritos solemnes para propiciar la gracia de los dioses en la ciudad ¡y quizá hasta hayas anulado su efecto! *(Angustiado.)* ¿Y no has visto reflejado en mí el ejemplo de los interminables castigos ligados a un error, al error de un solo hombre? Tiemblo por ti, hija.

ARISTEO: Y por todos nosotros. Pero tal vez, ¡oh, Minos!, logremos evitar los males desconocidos que ya se ciernen sobre nosotros, si la juzgas de inmediato y ofreces su condena como expiación.

MINOS: Por eso te he estado buscando. Debemos acatar, hija, una ley inflexible.

ARIADNA: Haz lo que consideres justo. Pero aquí me he esforzado, por el bien de todos, en contribuir a la proeza de Teseo y, a su salvación con ayuda de Dédalo. Estos son los medios con los cuales los dioses nos liberan.

MINOS: No, no, hija, ¡por desgracia, eso también está mal! No me opuse a la prueba de Teseo, no me opuse a que Dédalo se esforzara en ayudarlo; al fin y al cabo, son dos atenienses constreñidos por la fuerza de las leyes humanas y les está permitido intentar deshacerse de una sentencia infligida por los dioses, pero no infligida a ellos.

ARISTEO: Ellos van contra los hombres, no contra los dioses.

MINOS: Pero tú, hija, una cretense, no has debido hacerlo; porque te has rebelado contra los dioses. Debías rezar con nosotros. Has fallado dos veces.

ARIADNA: ¿Y ...mi castigo?

TESEO: *(Con ira.)* Bastante te complaces de ser justo, ¡no te complazcas ahora de ser todavía más severo: con un celo que quizá sea objeto de burla ahí arriba!

ARISTEO: Teseo, el amor que Minos le profesa la protegerá; nosotros tememos más su juicio.

MINOS: No, Aristeo, no. *(A Teseo, con ira.)* ¡No sabes cuánto la quiero!

TESEO: ¡No tanto como yo, que ni siquiera veo su culpa!

ARISTEO: ¡Pero el Rey Minos no puede hacerse el ciego!

MINOS: ¿La amas? ¡Ah, la amas! Y ¿piensas en bodas, cuando ni siquiera sabes si mañana seguirás vivo?

ARIADNA: Me ha dicho que un hombre perdido no merece ser amado, pero eso es sólo palabrería...

MINOS: ¡Ariadna! ¡Ariadna!

TESEO: Tras superar la prueba te habría pedido su mano.

MINOS: *(Con un grito.)* ¡No, jamás! *(Cambiando enseguida de tono.)* Este es el destino de los padres, ser abandonados en un día de fiesta; pues damos la vida a una hija cuya suerte pasará a manos de otro hombre tras contraer nupcias con él. *(Suspira.)* Está bien, Teseo, si sobrevives te la concederé; pero tendrás que volver a por ella cuando pueda salir de la torre donde hará penitencia a partir de ahora, durante no mucho tiempo: solo el transcurso de siete lunas.

ARIADNA: Me sentiré pequeña entre cosas inmensas, sola con los dioses y con mi amor.

MINOS: También tendrás muchas madejas de lana, y tejerás tus propias prendas. *(A Teseo.)* Y, mientras tanto, nosotros aprenderemos: yo, a perderla; tú, a no olvidarla en la distancia; y ella, a esperarte cuando debas partir para llevar a cabo tus hazañas. *(Se dirige a Aristeo, con tono autoritario.)* Llévatela ya.

TESEO: ¡Espera! Si llega a darse mi victoria, será una señal de perdón para todos. Prométeme que ella también será perdonada.

MINOS: *(Con ira.)* ¡No osarás defender a mi criatura de mí, su propio padre! ¡Yo sé hacer justicia! *(A Aristeo.)* ¡Llévatela ya!

ARIADNA: ¡Teseo! Teseo, ¿cómo puedo dejarte sin saber si Dédalo te salvará?

TESEO: ¡Ariadna, tu padre pretende separarnos, espera que yo me olvide de ti!

ARIADNA: *(Mientras la arrastran.)* ¡Dédalo! ¡Te lo ruego, sálvalo! ¡Sálvalo, Dédalo, sálvalo!

MINOS: *(Desde el umbral, con tono autoritario.)* ¡Calla! ¡No debes, no debes! *(Se dirige a Dédalo con furia.)* Y tú conspira con él, pero por lucro, por la fama o los indultos que esperas obtener, ¡no por las súplicas de Ariadna! ¡Ariadna no debe estar en medio de vuestras intrigas! ¡Ten cuidado! No tienes alma, las plegarias no te conmueven. ¡Ay de ti, si me haces dudarlo! ¡El alma te arranco del cuerpo!

DÉDALO: Escucha, rey, no me importa tu hija. Pero ¡justo ahora estaba explicándole a él *(señala a Teseo),* que yo también quisiera tener algo de alma! Aquí todos tenéis tanta, ¿y yo, nada?

MINOS: No tengo por qué aguantar tu verborrea. ¡Estás avisado! *(A*

M. Belén Hernández González

Teseo.) ¡Tienes hasta el amanecer! *(Sale.)*

DÉDALO: *(A Teseo.)* Entonces, no vuelvo arrepentido, Teseo, ni pido perdón, ni quiero que pidas misericordia para mí. ¡No me someto a tu buen talento, no! Mira, acabo de darme cuenta de que mejor será que lo aparente, para no escandalizar al rebaño; pero ¡en fin! El ingenio es una especie de condena, ¿sabes? Poseerlo cuesta, tener ingenio cuesta: vamos, que se puede pretender tener derechos por encima de la ley de quienes carecen de ingenio.

TESEO: ¿Pretender? ¿Tú?

DÉDALO: Sí, y te acostumbrarás poco a poco, si quieres que el mundo vaya adelante.

TESEO: *(Con ingenuidad.)* Ahora comprendo por qué he estado soportando que me hablases en este tono: porque despertaste mi curiosidad, Dédalo. Pero ha pasado, es verdad.

DÉDALO: Y yo ya he acabado.

TESEO: *(Respira hondo.)* Ah, bien. Bien por ti, buen hombre.

DÉDALO: Así que estoy pensando en sacarte del aprieto con este pacto, comprendes: con el pacto de que... *(Teseo lo coge con fuerza por el cuello.)*

ÍCARO: ¡Teseo!

TESEO: *(Lo suelta, avergonzado.)* Oh, lo siento, no quería... Pero dijiste que has acabado... *(Sonríe.)* Pues ya está. No se hable más. *(Sale.)*

ÍCARO: Papá... ¿te ha hecho daño?

DÉDALO: *(Torvo, humillado.)* No, no. Venga, vete a dormir.

ÍCARO: Te ha soltado de inmediato...

DÉDALO: *(En un estallido de ira.)* ¡Sí, de inmediato! *(Se calma.)* Vete a dormir, hijo. *(Llora sin darse cuenta.)* Me ha humillado para siempre...

ÍCARO: ¡No, papá, no digas eso!

DÉDALO: No somos nada, hijo, somos menos que nada... ¡Sus leyes! ¡Sus condenas! Pero cuando se trata de ellos mismos, con un golpe de espada rompen sus leyes en cuatro pedazos, o en lo que se les antoje, y se liberan de toda condena. Excepto Minos, que es justo, porque da vueltas enroscado alrededor de su cuerpo, juzgando todos los pecados[3]... A ver, yo... por supuesto me equivoqué al matar a Talos. Fue por envidia, lo sé, por celos... pero había buscado ese arnés durante tanto tiempo... ¡Lo necesitaba tanto! Y él lo encontró así de fácil, gracias a aquella mandíbula de serpiente, ¡eso fue lo que me dio rabia! ¡La locura me cegó! Supe que lo había matado después. ¡Sé que obré mal...! Ya no podía usar la herramienta que necesitaba, la tenía y no podía mirarla siquiera... Hasta ese día en que tú, hijo mío... te miro y vuelvo a ver esos dulces ojos tuyos, y esa sonrisa... la cogiste de su rincón, y sin mediar palabra, con todo el candor de tu alma, me la entregaste. ¿No recuerdas cómo lloré? ¡Tú me perdonaste! *(Con una ira repentina.)* ¡Y ya está! La vida que tengo, ¿acaso no la pago? *(Más calmado.)* Bueno, ya está. Teseo no hace tratos conmigo. Prefiere morir... Y nosotros vamos a dormir.

Mientras tanto, Naúcrate ha preparado al fondo dos yacijas en el suelo, una para Ícaro y la otra para ella y Dédalo, y espera con una manta en la mano.

NAÚCRATE: Ven que te tape, hijo.

ÍCARO: *(Recoge las alas.)* Y nosotros... ya no vamos a Atenas...

DÉDALO: *(Con brusquedad.)* ¿A dónde vas con eso? *(Al segundo.)* Bueno, vete, haz lo que quieras. Buenas noches.

ÍCARO: Buenas noches, papá. *(Va a acostarse con sus alas; Naúcrate lo tapa, y luego apaga la lámpara. Dédalo permanece pensativo.)*

DÉDALO: Apaga la otra y acuéstate.

---

3   N. de T. En referencia al Canto V, versos 4-6, Infierno, *La Divina Comedia* de Dante Alighieri. El autor entremezcla el mito del rey Minos, hijo de Zeus y considerado el legislador más justo; con sucesivas representaciones literarias del personaje, que lo condenan a ser juez de las almas en el Hades como transmite Dante. *Cf.* Dante, Alighieri (2003). *La Divina Comedia.* Edición bilingüe, traducción y notas de Ángel Crespo. Barcelona: Galaxia Gutemberg.

                                        M. Belén Hernández González

Naúcrate apaga la otra lámpara y se dirige a la yacija, pero no se acuesta, sino que se sienta allí a esperar. Dédalo deambula por un momento y luego se sienta, apoyando la cabeza en una mano. Fuera se escuchan cantos y el sonido de las trompas.

DÉDALO: ¡Y pensar que tenía la solución! *(En ese momento, Ícaro levanta la cabeza para escuchar, y luego se incorpora para sentarse en la cama.)* Sólo haría falta una trompa, como la que estamos escuchando. Darle una trompa, y si mata al Minotauro dará la señal; entonces podremos entrar todos en el Laberinto. Hará falta que toda la población se coja de la mano, con cuidado de no separarse, para formar una cadena, y así lo encontraríamos con los niños...

ÍCARO: *(Se incorpora de un salto.)* ¡Voy corriendo a decírselo!

DÉDALO: *(Se levanta.)* No.

ÍCARO: ¡Papá, déjame ir!

DÉDALO: Tendría que decírselo Arianna. Ella le haría aceptar mis condiciones.

ÍCARO: ¡Sé generoso con él! Te ganarás su corazón, y te tratará como a un igual.

DÉDALO: Primero quiero pruebas, hijo. Dile que ya lo tengo, pero nada más, y que vuelva si quiere saber el resto. Eso es, que Teseo venga aquí, a casa de Dédalo.

NAÚCRATE: No va a volver.

ÍCARO: *(Con ira.)* Pues si desprecia a mi padre, ¡no le rebelaré nada!

DÉDALO: ¡Ahora he encontrado una solución aún mejor! Esas madejas de lana de Ariadna. ¡Ay, se trata de un simple hilo! Basta con que alguien sostenga un extremo en la entrada y que él, recogiendo el hilo a medida que avanza, encuentre de nuevo la salida. Es más ingenioso, ¿no? ¡Y más sencillo!

ÍCARO: Iré y te lo traeré, luego iré corriendo a la torre y cuando esté abajo le gritaré a Ariadna que me lance las madejas. *(Se va corriendo.)*

DÉDALO: *(Irritado.)* ¡Yo no quería pensar más en ello! ¡Esta cabeza mía piensa por su cuenta! (*Permanece sentado, pensativo; se escucha fuera un canto solemne que se aproxima; el pueblo camina en procesión junto con Minos y los sacerdotes. Poco a poco, la procesión pasa de largo y la canción se desvanece en la distancia, y vuelve después de haber dado la vuelta al Laberinto. Cuando acaban de pasar, Ísidas asoma la cabeza por la puerta.*)

ÍSIDAS: Perdón, ¿interrumpo? (*Dédalo lo mira hastiado; Ísidas entra.*) Así que nada, ¿eh? No has pensado nada. Teseo ha vuelto entre las víctimas con la cabeza baja, y...

DÉDALO: ¿Qué es lo que quieres? No te conozco.

ÍSIDAS: Ya... pero yo te conozco a ti, Dédalo. ¡Eres un hombre famoso! Viajo por el mundo y he contado de ti por aquí y por allá. ¡De veras!

DÉDALO: Déjame en paz.

ÍSIDAS: La procesión ha sido hermosa, realmente hermosa... Ahora vuelven al Laberinto, para anunciar al Minotauro que pronto recibirá sus víctimas... (*centrándose en el motivo de la visita.*) Entonces..., veamos: ¿crees que el monstruo entenderá el anuncio? ¿Qué le dirán? (*aguarda la respuesta y continúa.*) No te lo pregunto por pasar el tiempo, sino para informar de tu opinión. Ni te imaginas la cantidad de gente que se interesa por lo que la gente de renombre, gente conocida como tú, piensa sobre esto o aquello. Voy a otra ciudad y en una plaza donde hay corrillo, comienzo mi discurso diciendo: «Vi a Dédalo, en no sé qué ocasión, y me manifestó en estos términos su ilustre parecer…». Y se pegan a mi alrededor, vienen corriendo detrás de mí por toda la plaza para escuchar. (*Se acerca.*) Como ves, hablamos de ti. (*Aguarda como antes.*) La gente por lo general da mucho crédito a la opinión de estas personas... sea cual sea la opinión. Aunque me dijeras «¡anda ya!», y yo anunciase: «Dédalo dijo "¡anda ya!"…», a la gente le bastaría para comenzar de inmediato a discutir acerca de por qué y cómo Dédalo ha dicho «¡anda ya!», y a sacar conjeturas al respecto. Ese «¡anda ya!» acabaría en boca de todos. (*Aguarda como antes.*) Bueno, entonces ¿qué me dices? ¿Entenderá el monstruo lo que le digan?

M. Belén Hernández González

DÉDALO: Extranjero, aquí todos saben que no puedo cerrar la puerta, y respetan el umbral.

ÍSIDAS: Bueno, bueno, no quieres darme el gusto... Pero no me lo negaste a mí, Dédalo: se lo negaste al pueblo, al mundo, y te equivocas. Te equivocas. Un pequeño pensamiento, una buena palabra, ¿qué te cuesta? Mientras que la gente nunca sabe qué pensar sobre lo que está pasando, se queda parada e indecisa... tú se lo dices, y les proporcionas un suelo que pisar. Te conviertes en el benefactor de todos. *(Dédalo se levanta y coge un objeto con la intención de lanzárselo. Ísidas retrocede de inmediato.)* Vale, no quieres entender que soy más serio en lo que digo y hago de lo que parece... La procesión ya vuelve, ha dado la vuelta. *(Desde el umbral.)* Les contaré que estás muy ocupado *(se va)*.

Dédalo vuelve a su asiento como antes. En el exterior, la procesión marcha a la inversa. Pausa. Ahora entra la luna en el taller e ilumina a Dédalo mientras está sentado. Naúcrate se recuesta y duerme.

DÉDALO: No ha querido volver, el hijo del rey... tenías razón. ¿Pero Ícaro? ¿Por qué no vuelve, al menos? ¿Qué está haciendo tanto tiempo? *(Se dirige a Naúcrate.)* Ah, estás durmiendo... *(Se levanta y va hacia la puerta, cuando Ícaro regresa, anhelante.)*

ÍCARO: *(En voz baja pero exaltado.)* ¡Deprisa, papá! Teseo ha entrado en el Laberinto, y Ariadna está en la entrada, sujetando el extremo del hilo. Date prisa, porque Ariadna huirá con él, y nos esperarán en el barco.

DÉDALO: Pero ¿qué dices? ¿Ariadna ha entrado allí? ¿Cómo es eso? ¡Ícaro!

ÍCARO: ¡Mírala! ¡Allí, a la luz de la luna! ¡Ay, padre! ¡La liberé de la torre! Teseo no quería volver contigo. No sé cómo lo hice, no lo sé; desesperado, me tiré al agua y nadé hacia la parte de la torre que cae en precipicio al mar, porque era el único lado que no estaba defendido...

NAÚCRATE: *(Se despierta y se levanta.)* Ay, hijo, ¿qué has hecho? ¿No oíste al rey cuando dijo que Ariadna debía quedar fuera de este asunto? Matará a tu padre, aunque sea solo por pensarlo...

DÉDALO: *(La interrumpe, violento.)* ¡Ícaro ha hecho bien! ¡Yo habría hecho lo mismo si hubiera estado en su lugar! ¡Oh, Minos, ahora Teseo se fugará con tu hija! ¡Y antes del amanecer, mientras la ciudad duerme, zarparemos todos hacia Atenas! Pero, ¿qué más has obtenido de Teseo para mí?

ÍCARO: Ariadna ha conseguido que te reconcilies con él, papá. Teseo te abraza y desea llamarte padre. Y en Atenas serás honrado; no perdonado, sino honrado públicamente. ¡Yo me llevo solo las alas! *(Las coge.)* ¡No necesito nada más!

DÉDALO: ¡Lo mismo digo! Muchas cosas aquí me son queridas, pero lo dejo todo para que en mi patria no me recuerden este tiempo de servidumbre. ¡Vamos, Naúcrate!

NAÚCRATE: Ay, mi hogar... ¿de verdad tengo que dejarlo todo?

Se oyen los terribles gritos del Minotauro. Las paredes tiemblan.

ÍCARO: ¡El Minotauro! ¡Ahora es cuando Teseo lo mata!

NAÚCRATE: *(Se tapa los oídos.)* ¡Cómo grita! ¡Cómo grita!

DÉDALO: Grita como aquel apresado en un cruel abrazo, del cual ya no podrá librarse.

ARIADNA: *(En el umbral, asustada.)* ¡Tengo miedo! ¡Mucho miedo! ¡No es posible que Teseo salga victorioso! ¡No hay corazón humano que resista tal espanto!

DÉDALO: ¡El hilo, Ariadna! ¿Has soltado el cabo?

ARIADNA: No, lo he atado a una piedra, pero... mejor será que vuelva a cogerlo, ¡mi lugar está allí! *(Desaparece.)*

Fuera se ve gente corriendo con antorchas, y se oyen toques de trompa. Una voz grita: «¡Ícaro, hijo de Dédalo, ha liberado a Ariadna de la torre!». *Al poco, con el último grito ensordecedor del monstruo, parte del techo se derrumba.*

NAÚCRATE: *(Cae de rodillas.)* ¡Los dioses nos castigan!

ÍCARO: ¡Mamá, se ve el cielo! ¡Levántate y vamos!

Algunos lugareños se paran en la puerta.

EXTRANJEROS:

I: ¿Dónde está Ícaro?

II: ¿Ícaro está aquí?

DAINOO: ¡Vamos, hemos de atarte!

CARITEO: ¡Atarte y entregarte a Minos!

ÍSIDAS: ¡El monstruo grita contra ti!

DÉDALO: ¡El monstruo ha acabado de gritar y de vivir! Ícaro, amigos, ha liberado a Ariadna. ¡Ariadna, instruida por mí, pudo enviar al Laberinto al héroe: a un Teseo seguro de su regreso! Seguro de su regreso, ¿comprendéis? ¡Y Teseo acaba de matar al Minotauro! Y esto se debe a su valor, pero también a mí y a Ícaro. ¡La liberación de todos! ¡La remisión de toda culpa! No ataréis a mi hijo, al contrario, si no está nublada vuestra vista, le besaréis los pies.

CARITEO: Pero ¿es cierto eso que dices?

ÍSIDAS: ¡Sí, mira! ¡Ahí está Teseo, saliendo del Laberinto!

Una ovación en el exterior recibe la llegada de Teseo.

DAINOO: ¡Ha caído de rodillas!

CARITEO: ¡Ariadna lo levanta!

ÍSIDAS: ¡Y se marchan juntos!

DÉDALO: ¡Gentes, nosotros también hemos de marcharnos!

Resuena la animación creciente en la ciudad. Amanece.

EXTRANJEROS:

II: ¿Vosotros? ¿Dónde?

III: ¿Tenéis que iros?

DAINOO: ¡Dédalo e Ícaro, hemos de hacer una gran fiesta en vuestro honor!

ÍSIDAS: ¡Estoy de acuerdo! ¡De otro modo dirían que los cretenses no sabéis mostrar gratitud por los favores recibidos!

CARITEO: ¡Todo el pueblo está de fiesta!

Dos mujeres llegan corriendo.

I M: ¡Los niños han sido liberados! ¡Todos lloraban de alegría!

II M: Que los dioses os bendigan, Dédalo e Ícaro. Todos gritan: «¡Viva Teseo!», pero nosotros os vitoreamos a vosotros, ¡benditos seáis!

DÉDALO: Gracias, gracias a todos, he hecho lo que estaba en mi mano... y no queremos fiestas, amigos. Dejadnos marchar. Acabo de recibir la mayor de las recompensas: puedo volver a mi país, limpio de toda condena, y recuperar mi patria de nuevo... Teseo me está esperando en el barco para llevarme con él.

DAINOO: ¿Cómo? ¿Nos abandonas?

CARITEO: ¡No!

M. Belén Hernández González

DAINOO: ¡No queremos que te vayas ahora, Dédalo!

CARITEO: ¡De verdad, no te puedes ir!

ÍSIDAS: ¿Por qué quieres irte, justo cuando ibas a ser tan bien tratado por todos?

*Una gran multitud se reúne frente a la puerta y se da a entender que
la amplia zona exterior está llena de gente. Gritan: «¡Viva Dédalo! ¡Viva
Ícaro!». Se oye claramente una voz.*

VOZ: ¡Mirad el barco de la vela negra! ¡Ya está en alta mar!

ÍCARO: *(Desesperado.)* ¡Papá, dicen que el barco de Teseo ha zarpa-
do!

DÉDALO: ¿Cómo es posible? ¡Teseo nos espera! ¡Dejadnos pasar!

DAINOO: ¡Dédalo, es verdad que se han ido!

OTRA VOZ: ¡Teseo ha raptado a Ariadna!

PRIMER EXTRANJERO: *(Llega sin aliento.)* ¡Abrid paso! ¡Abrid
paso! ¡Dejadme hablar con Dédalo! ¡Dédalo, sálvate! ¡La ira de
Minos se cierne sobre ti! *(Los lugareños comienzan a retirarse de
inmediato y dejan espacio alrededor de la casa.)* ¡Muchos barcos ha
enviado para perseguirlos! Pero el de los fugitivos vuela sobre
las olas, mientras para los cretenses no sopla el viento. ¡Ay, tienes que salvarte! Si Minos te apresa... *(Mira hacia atrás y se retira,
asustado.)* Que los dioses te ayuden... *(Desaparece.)*

*Dédalo, Ícaro y Naúcrate miran más allá de la puerta, angustiados. Dé-
dalo de pronto se dirige al yunque, coge un trozo de hierro con las tenazas
y con la mano derecha el martillo.*

ÍCARO: *(Susurra.)* Papá, ¿qué haces?

Dédalo comienza a percutir en silencio. Fuera, entre los golpes de martillo, se oye la voz de Minos: «Que lo encierren con el hijo en su Laberinto y tapien la salida».

ÍCARO: *(Aterrado.)* Papá, ¿qué dice Minos?

DÉDALO: *(Mientras golpea.)* No lo escuches, hijo, ¡no lo escuches!

ÍCARO: ¿En el Laberinto? ¿Qué será tapiado?

Cuatro hombres armados se apostan en el umbral, dos de ellos entran y baten sus lanzas contra el suelo. Naúcrate retrocede con un alarido y luego huye por la puerta gritando.

NAÚCRATE: ¡No, no! ¡Minos, piedad! ¡Ten piedad!

DÉDALO: *(Con sencillez.)*
    Si haces algo bueno aquí, pagas por ello.
    Tal vez en tus cielos sea distinto.
    Vamos, vamos, hijo mío.
    (Se encamina.)
    ¿Sabes dónde vamos?

ÍCARO: Ay, papá...

DÉDALO: *(Con intención.)*:
    ¡Allí, donde solo oscila la luz!
    ¡El alma radiante del aire!

ÍCARO: *(Con júbilo.)* ¡Papá!

DÉDALO: *(Sale.)*
    Y desciende y se eleva en busca de algo
    sobre lo que posarse y brillar...

Telón

M. Belén Hernández González

TERCER ACTO

Primer Cuadro

En el interior del Laberinto. Paredes transparentes muy altas con un esquema de pasillos que se cruzan. Dédalo, en una anchura de la cual salen tres o cuatro pasillos, se ha puesto a fabricar las alas. Ya hay tres, perfectas, apoyadas en la pared; la cuarta, todavía inacabada, está en el suelo junto a Dédalo, que está echado solo y dormido. Por el suelo esparcidas están también las herramientas de trabajo —martillo, sierra, tenazas—, ramas descortezadas, virutas, plumas. Atado a una estaca clavada en la tierra, hay un hilo tenso que gira hasta la esquina y sirve a Ícaro para encontrar el camino de regreso. Es mediodía. Aparecen Dainoo y Cariteo, en la sala o entre bastidores (para que quede claro que no están dentro del Laberinto, sino fuera), y Dainoo, alzando la voz, llamará dos veces a Dédalo por su nombre. Dédalo se despierta, escucha, oye la nueva llamada, se levanta y va a un lugar de la pared. Allí, de cara a ella, habla pronunciando palabra por palabra en voz alta.

DÉDALO: Estoy aquí, Dédalo

DAINOO: Soy Dainoo. Te saludo.

DÉDALO: Yo también, Cariteo, te saludo.

DAINOO: ¡Buenas noticias!

DÉDALO: ¡Entonces, dime, dime! ¿El indulto? Minos nos deja en libertad? (*un silencio*) ¡Habla!

DAINOO: No, Dédalo, eso no.

DÉDALO: Entonces, ¿cuáles son las buenas noticias?

DAINOO: Tendrás un poco de pan todos los días.

DÉDALO: Ah, ¿pan todos los días? ¿Y eso?
   ¿No debo morirme de hambre?

CARITEO: Hasta que termines el trabajo.

DÉDALO: Pero ¿entonces nunca terminaré, ¿tendré pan para siempre? (*se ríe.*)

DAINOO: No, solo por un mes.

DÉDALO: Y podré morirme de hambre
después, ya entiendo. Gracias, amigos.

DAINOO: Pues sí, ya quisiéramos darte nosotros …

CARITEO: Sí, pero el Rey se enfadó con nosotros.
porque te pasamos con el hilo
las herramientas que nos pediste.

DÉDALO: ¿y cómo se le ha pasado el enfado?

DAINOO: Le hemos contado tu promesa de hacer maravillas nunca
vistas.

CARITEO: Que dejarás en el Laberinto.

Aparece Ícaro desde el fondo, inmediatamente Dédalo le hace señas de que se pare allí, así, con muecas y guiñando un ojo al hijo, recalcará las respuestas ambiguas que va a dar a sus interlocutores. Ícaro llega recogiendo el hilo de Ariadna, deja su arco, las flechas, un cuervo muerto y un panal de cera; se queda en silencio y se divierte con los gestos y mohines del padre, entrando en la broma con mímica vivaz.

DÉDALO: ¡Y cumpliré mi promesa!
Un día abriréis esta tumba
¡y veréis lo «que os he dejado»!
¡Veréis! Pero, entonces pobres de nosotros,
¡Pues vaya! ¡«ya no estaremos»!
¡Así dije! ¡«Veréis algo que os dejará con la boca abierta,
sorprendidos! ¡Ver para no creer»!

CARITEO: ¡Oh, Dédalo, nosotros te creemos!

DÉDALO: Entonces, ¡«nos habréis perdido»!

M. Belén Hernández González

¡Y nos llamaréis, «pero en vano»!

DANIOO: ¡Ay qué pena!

CARITEO: ¡Cruel destino!

DÉDALO: Para nosotros no, ¡que «habremos terminado
de sufrir… en esta tierra»!

DAINOO: ¡Ya no estaremos en paz!

DÉDALO: Vamos, quedaos en paz: ¡al fin y al cabo
«dejar esta tierra»
para los que sufren, es una liberación!
Eso es, ¡nos «liberará»!

DAINOO: ¡No te desanimes, amigo!
(*Breve pausa.*) Venga, ¿no vienes a coger el pan?

Inmediatamente Ícaro se dispone a correr; Dédalo lo detiene y, alejándose del lugar donde la pared hace de eco, le dice en voz baja.

DÉDALO: La miel es excelente, el pan pesa:
lo cogeremos, pero no para comérnoslo.
(*Entonces vuelve a la pared de antes y habla con los que se alejan.*)
Ahora no, porque Ícaro tiene el hilo,
ha ido en busca de un poco de miel
para comer… ¡Sí, por suerte
aquí encontramos alguna colmena!
En cuanto vuelva vendré por el pan:
dejadlo colgado del hilo.
¡Y… gracias por todo, amigos!

DAINOO: ¡No hay de qué, Dédalo!

CARITEO: ¡Pobre, me rompes el corazón!

DAINOO: ¡Qué vaya bien el trabajo!

CARITEO: Y que los dioses te ayuden…

Dédalo se despega de la pared con cara de astuto. Ícaro desahoga su alegría riéndose con él y saltando a su alrededor. Entonces Dédalo lo llama al orden.

DÉDALO: Bueno, seriedad, ¿me trajiste la cera
    y las otras plumas, para terminar el ala?

ÍCARO: Poca caza, hoy, padre: una corneja…
    (*La coge del suelo y se la da*)

DÉDALO: Bueno, algo es algo.
    (*observándola*)

ÍCARO: Antes, al acecho
    junto al monstruo matado por Teseo…

DÉDALO: … al hedor del gran cadáver, te daba por vomitar …
    (*sonriendo*)

ÍCARO: Sí… ¡pero tenía cebo para los cuervos,
    los halcones y los buitres!

DÉDALO: Sí, me cogiste tres halcones y un buitre.

ÍCARO: La carcasa ahora está vacía, y yo respiro:
    ¡pero no los atrae… y ya no pillo nada!

DÉDALO: Ahora la obra está a punto de acabar.
    Y las plumas son suficientes. Arranca con cuidado
    las maestras y otras cuatro
    de las más fuertes.
    (*Le devuelve la corneja, señalando el panal.*)
    ¿Y no cogiste un panal?

ÍCARO: Cera… (*confundido*)

DÉDALO: Miel… (*agudo*) ¿no tenía?

ÍCARO: Quería guardarte la mitad,
    (*con una contrariedad infantil*)
    pero al apretarlo contra mí, chorreaba
    a la altura de la boca, que si no hubiera estado listo
    para tragármela, se echaba a perder por el suelo…
    Pero te conseguiré otro: un salto y vuelvo.

                     M. Belén Hernández González

DÉDALO: Dame eso, que yo tengo hambre de cera
(*Riéndose.*)
¡No de miel!

ÍCARO: Cera que no vale nada: roja…
(*Entregándole el panal.*)

DÉDALO: Es lo que buscaba, querido, ¡el propóleo!
(*Contento.*)
¿Ves cómo es tenaz entre los dedos?
Las abejas lo extraen de los árboles
Cuando necesitan cerrar el panal:
Porque es pegajoso. Huele a resina.

ÍCARO: ¿Y las plumas se pegan mejor con esto?

DÉDALO: ¡Ya lo verás! Haré la masa.
(*Se pone manos a la obra.*)

ÍCARO: Papá…

DÉDALO: ¿Qué?

ÍCARO: Entonces, ¿está bien? (*Desahogándose.*) Estaba pesaroso…

DÉDALO: ¡No lo estés! ¡Va todo muy bien! Alégrate, Ícaro (*riéndose.*)

ÍCARO: ¡Ah, qué alivio! Si eres feliz,
yo me reanimo, me siento aligerado.

DÉDALO: Solías tener más fe en mí.

ÍCARO: ¿Más confianza que ésta?

DÉDALO: Sí. Te reías,
prudente y paciente,
si me veías inseguro de mi trabajo,
o incluso con poco ánimo,
cuando a veces yo desesperaba del éxito;
¡pero tú estabas seguro!
¡Siempre, en todo momento!

ÍCARO: ¡Es demasiado hermoso!
(*Con angustia.*) ¡Es tan hermoso lo que haces ahora!

¡Padre mío… tengo el corazón en un puño…!
Y no puedo mirarte cuando
te quedas mudo tanto tiempo embebido en la obra;
¡tiembla todo mi cuerpo y me vuelco en ti,
 con ganas de darte hasta mi aliento!
¡Pero eso no cuenta! Voy a por cera y plumas…
y me parece que estoy haciendo algo importante
cuando, a veces, me dices: sujétame esto.

DÉDALO: Pero antes cantabas «¡mi padre lo puede todo!».
Y esa fe tuya me favoreció
muchas veces, querido, me hizo mejorar.

ÍCARO; ¿Yo… te hice mejorar?
(*Asombrado.*)

DÉDALO: Sí, hijo.
Se me caía la obra de las manos,
y la habría dejado… si no hubieras estado tú ahí,
para recordarme la meta: ¡tu hermosa sonrisa
triunfal, al final! ¡Tu altanería al contárselo
a los demás muchachos!

ÍCARO: ¿Así que tengo este poder? ¡Oh, qué extraño!

DÉDALO: Yo, sin orgullo, en tu orgullo me reencontraba:
ya no era un siervo, sino un hombre.

ÍCARO: ¡Yo siempre estoy orgulloso de ti! ¡Mi padre!
Se lo decía a todos a cada momento: ¡Mi padre!
Y me miraban como a un chiquillo…
Es cierto, así, nunca llegaré a ser un hombre.
Pero no importa. Pienso: con un padre
tan grande, a la fuerza debo seguir siendo hijo,
siempre seré el hijo…
(*Con un grito.*)
 ¡Por eso debo volar!

DÉDALO: Volarás, Ícaro.

ÍCARO: ¡Pero para gloria tuya! ¡Porque eres tú quien me deja volar!
¡Otra vez tú! ¡Siempre tú! ¡Ay, Ícaro!

M. Belén Hernández González

DÉDALO: ¿Y te duele?

ÍCARO: ¡Quiero volar por mí mismo! ¡Será mi vuelo!

DÉDALO: ¿Tu vuelo?
(*Con una sonrisa.*)
    ¿A qué te refieres con tu vuelo?

ÍCARO: Mi vuelo será maravilloso.

DÉDALO: Ícaro, no te ilusiones. Apenas
podremos levantarnos, es arriesgado.

ÍCARO: ¡Tú sabes hacer alas… yo sé volar!
¡No aprendiste del águila, yo sí!

DÉDALO: No volaremos como águilas, querido… ¿Sabes?
Por desgracia no; más bien como ranas.

ÍCARO: ¿Qué dices? ¡No! (*Herido.*) ¡Ay! ¿Qué alas me estás haciendo?

DÉDALO: Mecanismos, hijo, espero que buenos… adecuados…

ÍCARO: ¿Para remar al viento?

DÉDALO: No, para impulsar el salto
a lo alto, y luego caer más allá,
avanzando en el descenso;
volver a saltar: y así sucesivamente.
En verdad, más con las piernas que con los brazos.
Como las ranas, digo.

ÍCARO (*Ofendido*): ¡Es horrible!

DÉDALO: Pero la fuerza
principal está en nuestras piernas.

ÍCARO (*Sigue ofendido*): Es horrible… Es ridículo…

DÉDALO: ¡Es como puede ser!
Tú, con las piernas, saltas; casi como si
estuvieras volando: vuelo bajo, corto, grave…
sigue siendo algo. ¿Pero con los brazos?

ÍCARO: ¡Encuentra algún medio para los brazos

que aumente su poder!

DÉDALO: En el esternón
fijaremos un puente, y con los tendones
arrancados del monstruo doblaré el esfuerzo
de las extremidades endebles... ¡pero nunca será
el pecho carenado de los pájaros,
con esos músculos!

ÍCARO: ¡Me reventaré el pecho
y volaré como los pájaros!

DÉDALO: Te va a estallar muy pronto, hijo...

ÍCARO: ¿Hasta dónde podré elevarme? ¡Dime!
(*Furioso.*)
    ¿Cuánto?

DÉDALO: ¡No! ¡No te digo nada! ¡Y no permito
(*de pie, enfadado*)
locuras! ¡Uno vuela, no para presumir;
para beber el aire! ¡La luz! ¡Fantasías!
¡Vuela para escapar! ¡Porque es necesario!
¡No hay otra manera! ¡No es un juego,
Ícaro! ¡Hijo, te lo advierto: no es un juego!

ÍCARO: Entonces no fabriques para mí
(*despectivo, airado*)
ese mecanismo: ¡Hazlo para ti!
Me quedo aquí. Muerto de hambre. Solo.

DÉDALO: ¿Te quedas aquí, solo?
(*Consternado.*)
Ícaro, ¿qué dices?

ÍCARO: Ah, el vuelo...mi vuelo... ¡No, yo no iré!
¡Mi vuelo no será de ranita[4]!
¡Si es esta tu gloria, te la cedo
toda! (*Huye y desaparece.*)

---

4   N de T. En el original *"ranocchio"*, término que en italiano también posee el significado figurado de "niño"; o también "persona de baja estatura y desgarbada".

DÉDALO: (*Grita.*) ¡Efectivamente es mía!

ÍCARO: Sin el anhelo mío
(*desde dentro, alejándose*)
de volar —¡oh, el sueño de mi vida! —
¿quién te hubiera indicado la vía en lo alto?
Pero tú no has sabido… (*no se oye nada más.*)

DÉDALO: (*Solo, con desdeñoso orgullo.*) ¡Ah! ¡Sea como sea
volar! Haber perdido el peso
que nos une a la tierra
es algo que yo, Dédalo, he hecho por vez primera.
¡Sí, estoy orgulloso de mí mismo!
(*Pausa; de repente ansioso.*)
¡Hijo! ¡Te pierdes!
¿Dónde vas? ¡Vuelve conmigo!
(*Va a irse.*)

ÍCARO: (*Vuelve corriendo, sin aliento, suplicando.*)
No era verdad:
¡me desanimabas porque no soportas
verme subir demasiado alto!
¡Era eso! ¡Y le restabas importancia a tus alas
por temor a que Ícaro, creyéndolas perfectas,
que eran unas alas de verdad, como son,
confiase enteramente en ellas para atreverse demasiado!

DÉDALO: (*Aturdido.*) Sí, hijo… con prudencia… se necesitará…

ÍCARO: (*Riéndose.*) ¡Ahí lo tienes, te has descubierto! ¡Oh, querido
padre!
¡Qué tonto he sido! ¡No darme cuenta de que la obra
siempre salió perfecta de tu mente
y de tus manos! ¡Siempre! No entender
que era trastorno de amor… ¡Perdóname!

DÉDALO: Estoy trastornado de verdad, Ícaro, tiemblo
solo al imaginar que no adviertas donde está el límite…

ÍCARO: ¡Perdóname!
¡Ícaro es tonto! ¡Fe, me exhortabas,

ten fe en tu padre! ¿Me perdonas?

DÉDALO: (*Conmovido.*) Hijo mío…

ÍCARO: ¡Creo! ¡Creo! ¡Creo en tí!
¡No alcanzaré a tu sien ni siquiera volando,
pero beso tus manos!
(*se las besa de rodillas*)

DÉDALO: Querido hijo,
no te puedo engañar…

ÍCARO: (*Riendo y poniéndose en pie de un salto.*) ¡Pues, ya no me engañarás
más! ¡Creo en ti! ¿Cómo era el canto de Ícaro
sobre la mano de Dédalo? ¡Era así! «¡Mano!
¡Mano que todo lo coge y todo desea, mano!
¡Demanda a mi padre!: ¿Qué le pides, mano?
¿Qué quieres para afrontar esto o aquello?
¡Demanda, mano! ¿Frente al mar? ¡Aquí tienes el remo!
¡Hazte a la mar! ¡Dédalo!
Mano, contra el enemigo fugitivo, ¿qué le pides? ¡Aquí tienes la honda!
¡Apresa al enemigo! ¡Dédalo!
¿Y cómo doblegar el hierro? ¡Ten el fuego,
las tenazas y el martillo! ¡Dédalo! ¡Dédalo!»

DÉDALO: (*Conmovido y abandonándose.*) ¡Eras muy pequeño…y saltabas
cantando! ¡Ante cualquier cosa que encontrabas!
«¿Y cómo puedes con la madera? ¡Ten el hacha,
ten la pala, el taladro, el torno!»

ÍCARO: «¡Mano, para la tierra! ¡Demanda!
Ten la azada, la pala y el pico:
¡Doma la tierra! ¡Dédalo!
Alma mía, en el cielo: ¡demanda!
¡Alma, aquí tienes las alas de Dédalo!
¡Domina el cielo! ¡Dédalo! ¡Dédalo! ¡Dédalo!».

DÉDALO: (*Angustiado y debatiéndose entre sentimientos opuestos.*)
No…no, la última estrofa… no estaba…

ÍCARO: (*Riéndose*) ¡Ahora el canto ha terminado! ¡Ahora se ha terminado!

DÉDALO: Ícaro, sí, me hace bien… que creas en mí,
queridos hijo…pero por desgracia…
(*Vacila llevándose las manos a la cabeza, el rostro ebrio de orgullo.*)
¡En esta obra Dédalo no muere!

ÍCARO: Padre, ¿qué te pasa?

DÉDALO: Claro, como padre, debo…
como padre debo temer por ti:
por eso te digo que esta obra…

ÍCARO: ¿Es perfecta?

DÉDALO: (*Después de mirarlo, con un grito*) ¡Ningún hombre hizo
una más elevada!

VOZ: (*Desde arriba, terrible, entre relámpagos y truenos*) ¡Procura
que tu hijo no muera,
si ahora tú lo engañas por orgullo!

*Dédalo vacila de nuevo, se le doblan las rodillas; Ícaro, que no ha oído
la voz, lo sostiene.*

ÍCARO: ¡Pero vacilas! Padre mío, ¿qué te pasa?

DÉDALO: Deja que me siente…estoy en ayunas, cansado…

ÍCARO: ¡Voy a traer el pan!
(*Coge el hilo y se pone en marcha para salir.*)

DÉDALO: Cuidado, hijo:
¡No le embargues a tu padre,
su elevada obra! (*se ríe.*). No, no me hagas caso …
En esta obra Dédalo no muere.

*Ícaro sale; Dédalo se queda mirando hacia delante con ojos atroces; de
repente se levanta y grita.*

DÉDALO: ¡Ícaro! ¡Ícaro! ¡Ícaro! ¡Vuelve!
   ¡Vuelve enseguida!¡Deja el pan, Ícaro!
   ¡Dejamos la tierra!

ÍCARO: (*Reapareciendo.*) ¡Padre!

DÉDALO: Desnúdate:
   ¡y te impongo las alas para que vueles
   como tú quieres! ¡Qué hermoso, Ícaro!
   ¡Las alas perfectas del maestro Dédalo!

La escena se oscurece

Segundo Cuadro

Vuelve la luz y la escena reaparece en Sicilia: una estancia en el palacio de Cócalo. Cielo de fondo, en una tranquila luz vespertina, que al final del episodio será roja fuego. En el cielo una nube fija (pasarela). Argia, Cheria, Eneia y otras hijas de Cócalo están sentadas escuchando a Dédalo mientras narra. Algunas de ellas tienen látigos. Dédalo se quedará absorto de vez en cuando, interrumpiendo la historia, y las hijas de Cócalo lo mirarán, en silencio, hasta que se haya recuperado.

DÉDALO: Entonces ceñí sus alas… (*Pausa.*) Impaciente,
   a punto estuvo de romperlas
   entre los angostos muros… ¡Ay, si lo hubiera hecho!
   Se admiró con alas…: fiables… ¡y ya vivas! (*Pausa como antes.*)
   Después, con esfuerzo, me puse las mías. (*Pausa como antes. Se estremece, gimiendo. Tras él, en lo alto del cielo, apare Ícaro, desnudo y alado, hecho de cobre, en medio de la nube. Las doncellas no muestran darse cuenta de la aparición; únicamente Dédalo se da cuenta de su presencia.*)
   El sol estaba en lo alto, en medio del cielo

M. Belén Hernández González

e Ícaro me dijo.

ÍCARO: ¿Qué me sucede?
Desde que tengo alas, el sol
ya no calienta la piel: ha bajado a mi sangre,
siento como si estuviera unido a él;
¡su llamarada no arde!

DÉDALO: Hijo, dije:
Es un dios que, cuando desciende a las linfas,
seca hasta las raíces enterradas
de los árboles de los cuales se apodera.
¡Siempre gana! ¡Y la tierra materna
que los alimenta, ya no se los puede contener,
cuando llega a sus raíces! Hijo,
¡salva tu corazón en mí, o el dios lo quemará!

ÍCARO: ¡De hecho, me lo levanta alegre a la garganta!
Dentro de poco seré aún más leve,
y sin batir las alas, ¡ascenderé!

DÉDALO: Y le dije: «Otra vez te ruego,
¡Ay, no busques al dios más allá de tu padre!».
(*Pausa como antes.*)
Mientras te guíe hacia lo alto yo, un hombre, es vida.
(*Pausa como antes.*)
Pero si en lo alto te llamara dios hacia él, muerte.

ÍCARO: Mi vida es este vuelo, padre.
No creo haber vivido hasta ahora,
solo he esperado. Y tú no me eras padre.
¡Ahora me has dado la vida: con las alas!
Ahora eres padre. Y sobre ti y sobre mí
ahora, al final, veo al dios: y rezo.

DÉDALO: ¡Ahora te pierdo!

ÍCARO: (*Infantil y feliz.*) ¿A qué tanto dolor
en el momento en que renazco de ti, ¿quizá hombre?

DÉDALO: Y como un niño se reía, preguntando.

ÍCARO: ¿Por qué dijiste: una ranita que salta?
¡Un grillo también! ¡Deberías haber dicho: grillo!
Grillo que salta, es bonito, y ¡yo debería estar
teñido de verde! ¡Con mis alas rojas!
(*Pausa, a continuación, remarcado.*)
¡Ah, luego se hará! ¡Las alas son perfectas!
(*Muy animado*)
¡No sé qué te he dicho ahora, del dios,
no lo sé exactamente, y te he apenado!
¡No hagas caso! Cuando subiendo tome el cielo
en el grillo, alondra, halcón, buitre
me transformo… y, por último,
subiendo como el águila…me encuentro a mí mismo, Ícaro!
Yo ¡de verdad!: ¡Ícaro volando!
(*Inmediatamente cambia y grita*)
¡Vamos, padre, es la hora! ¡Vamos!
(*La nube lo cubre.*)

DÉDALO: ¡Espera! ¡Espera!

*Dédalo llora con la cara oculta, las doncellas lo están mirando. Cuando
Argia, al rato, hable con él, Dédalo no la oirá.*

ARGIA: ¡Tu historia es la más hermosa que se ha escuchado!
¡Y cuanto más la escuchamos, más hermosa es!

CHERIA: ¡Si es verdadera, Argia!

EGINA: ¡Si es verdadera!

ENEIA: ¡Ahora nos lo dirá Ísidas, que estaba en Cnosos, ese día! ¡He
mandado a buscarlo!

ARGIA: ¿Y tú que dices, Dédalo? (*Dédalo no contesta*) ¡Un invitado
debería mostrar más complacencia! Llegaste aquí hace un mes
pidiendo asilo y protección… Dijiste que te persiguen, y te reci-
bimos sin saber quiénes son tus enemigos, que podrían ser muy
poderosos…

M. Belén Hernández González

CHERIA: ¡Lo cierto es que no se ha visto ninguno!

ENEIA: Dédalo, ¿quién te persigue?

ARGIA: En el palacio de Cócalo estás a salvo. Pero mal nos lo agradeces.

CHERIA: Yo creo que se imagina perseguido; al igual que se imagina haber volado.

ARGIA: Mis hermanas no te creen, Dédalo. Tenías dos alas, sí, pero no llegaste volando. Los que te recogieron en el mar dijeron que te habías amañado una especie de barca …

ENEIA: … Sí, sí: ¡un ala, el casco y la otra la vela!

EGINA: ¡Es como si no le hablásemos a él!

ARGIA: (*Con ira.*) ¡A mí me tienes que contestar, Dédalo!

DÉDALO: (*Enajenado.*) No me persigas tú también.

ARGIA: No nos estás escuchando. Eso es lo que se te preguntaba: ¿quién te persigue?

DÉDALO: (*Sigue enajenado.*) ¿Quién me persigue?

ARGIA: En tu historia solo hablas de ti y de tu hijo… (*Dédalo se levanta, como para huir.*) Quédate, quédate, pobre hombre, lo entiendo. (*Dédalo mantiene la cabeza baja.*) Pero si compongo un canto sobre tu vuelo, no te representaré con la cabeza baja, Dédalo.

DÉDALO: ¡Maldito sea el momento en que la alcé! (*larga pausa; cambiando, casi sonriente, a las otras doncellas*) ¿Quién quiere hoy noticias de mis inventos? ¡Tengo más, muy ingeniosos! Os daré los dibujos también…

EGINA: ¡Yo, Dédalo, yo!

OTRAS: ¡Dame a mí! ¡A mí! ¡A mí!

ARGIA (*Con indignación*): ¿Acaso no sabes que luego se atribuyen los méritos? Convocan a la gente, explican, muestran tus dibujos como propios…

DÉDALO: (*Interrumpiendo*) Lo sé, Argia, lo sé: ¡y me gusta!

ARGIA: ¿Que le quiten incluso tu nombre a lo que hiciste?

DÉDALO: ¡Ojalá nunca hubiera hecho nada! ¡Ojalá se perdiera mi nombre!

CHERIA: ¡Aquí está Ísidas!

EGINA (*A Ísidas*): ¡Acércate!

ENEIA: ¡Ahora sabremos la verdad, Dédalo!

ÍSIDAS (*Entra perplejo*): Mis señoras y queridos benefactores... ilustre Dédalo...

DÉDALO (*En paroxismo*): ¿Qué más quieren de mí? ¿Por qué me ponen ante este hombre?

ÍSIDAS: (*A las doncellas*) Desembarqué ayer, y no tenía el valor de presentarme, sabiendo que teníais aquí al héroe en persona... Mi punto fuerte era esta vez su proeza, y me prometí que os sorprendería... Pero tú, Dédalo, como se suele decir, ¡me has quitado el pan de la boca!

DÉDALO: (*Con violencia*) ¡Habla, pues! ¿Has venido para decir que maté a mi hijo?

ÍSIDAS: (*Asombrado*) ¿Yo?

DÉDALO: ¿No lo piensan todos?

ÍSIDAS: Dédalo, ¡nadie ha pensado algo así!

DÉDALO: (*Enajenado.*) Como... (*Se queda atónito, se pasa las manos por la cara,*)

CHERIA: (*Inmediatamente*) ¡En primer lugar, Ísidas, tienes que decirnos si es verdad que su hijo y él han volado!

ENEIA: ¡Nos parece un cuento!

CHERIA: ¿Tú lo has visto? ¿Los has visto en el aire?

EGINA: ¿Volando?

ÍSIDAS: (*Sorprendido.*) Pero como... ¿lo dudáis? ¿Habéis hablado con él y lo dudáis?

ARGIA: ¡Quizás por eso, Ísidas! No parece verdad que de semejante proeza salga un hombre humillado hasta el punto de que cuando habla de ello, llora; ¡y solo tiene deseos de esconderse!

ÍSIDAS: ¡Pues claro que volaron! Yo estaba allí… a los gritos de la gente bajé a la calle y pude entreverlos cuando ya estaban lejos, ¡muy pequeños en el cielo! ¡Pero tantos, que los habían visto ascender desde las paredes del Laberinto, no creían sus propios ojos! Nos mirábamos aturdidos, conteniendo la respiración; luego fue un frenesí, la gente gritaba, cantaba, saltaba… se abrazaba… algunos corrían aquí y allá como si hubieran perdido la cabeza… ¡Y se alzaron voces contra Minos! ¡Qué momento fue! ¡Una cosa grande, señoras mías, muy grande!

ARGÍA: ¡Viva Dédalo que ha volado!

ENEIA, CHERIA Y OTRAS HERMANAS: ¡Viva, viva Dédalo! ¡Perdónanos Dédalo! ¡Viva, viva! (llamando.) ¡Cenia! ¡Eglé! ¡Hipólita! ¿Dónde están las demás hermanas? ¿Venid a escuchar? ¡Dédalo ha volado! ¡Dédalo ha volado! (Salen corriendo Cheria y Eneia.)

ARGIA: Dédalo, ¡levanta el ánimo a tu gloria!

DÉDALO: (Ocultándose, con horror.) Ah… ¡No me atormentes! (A Ísidas.) ¡Vete! ¡Vete! (Agarrándolo por el pecho) Pero entonces ¿qué se piensa?

ÍSIDAS: (Sin entender.) Lo que se piensa…

DÉDALO: ¡De mí! ¡De mí! ¿Por qué cayó mi hijo?

ÍSIDAS: ¿Ícaro? Era joven e imprudente… Tú lo advertiste, pero él…

DÉDALO: ¡Es cierto! ¡Traté de advertirlo!

ÍSIDAS: ¿Cómo no ibas a hacerlo? «¡No vueles ni muy bajo ni muy alto!» (Dirigiéndose a las doncellas) ¡Ay, la experiencia de los padres, ya se sabe! «¡No vayas demasiado bajo, pues la humedad del mar pesará en tus plumas; ni demasiado alto, o el calor del sol derretirá su cera! Mantente en medio, siempre en el justo medio: ¡y sigue mi ejemplo!» ¡Santas palabras! Ahora todos los padres se las repiten a sus hijos.

DÉDALO: (*Lo ha mirado perplejo, se cubre la cara y se acurruca*).

ÍSIDAS: Pobre padre…pero el chico no quiso seguir tu consejo… ni escuchar los gritos desesperados de tus llamadas…

DÉDALO: (*Sofocado.*) Ícaro… Ícaro…

ÍSIDAS: Y así… (*Un gesto y un suspiro.*)

DÉDALO: (*Vacilando*)
¡No tengo la culpa! Las alas eran buenas…
Sí, eran buenas…; ¡si me seguía!
Estaban bien hechas… Bien engarzadas.
¡Os digo! ¡Fuertes! ¡Ah, las trocaste
tú, hijo, en ese polvo de plumas!
¡Ay, esas plumas libres! Gritaba…
de tus hombros las vi despegarse
como un soplo de viento, altas y ligeras…
Gritaba…y el sol las hizo resplandecer
de lleno… y te vi circunvalado
de fulgor… y te oí cantar…
Pero, era yo incrédulo, quien permanecía
alto… y no tú, que como un peso
caías…Quedaron algunas plumas…
unas plumas… allá arriba, sol en el aire.
(*Con un grito.*)
¡No tengo la culpa! ¡Las alas eran buenas!
¡El dios te atrajo y te precipitó!
¡No tengo la culpa! Las alas…
(*De repente, distante, como si la voz no fuera suya*)
                              «perfectas»,
las alas «perfectas» del maestro Dédalo…

Todos lo miran consternados. Dédalo no puede mirar a nadie a los ojos.
De repente, Eneia y Cheria vuelven corriendo y anuncian jadeando.

ENEIA: ¡Ha llegado con tres barcos el rey Minos!

M. Belén Hernández González

CHERIA: ¡De Creta! ¡Y nuestro padre lo ha recibido con grandes honores!

ENEIA: ¡Viene a por ti, Dédalo!

CHERIA: ¡A capturarte!

ENEIA: ¡A castigarte!

ARGIA: (*Con ira*) ¿Minos? ¿Y nuestro padre qué dice? ¿Se lo entregará?

CHERIA: ¡No se sabe! Hablan juntos, ¡ahora vendrán los dos!

ENEIA: ¡Mirad quien era su perseguidor! ¡Pobre, Dédalo!

EGINA: ¿Y ahora qué vamos a hacer?

ARGIA: Hay que esconderlo ahora mismo.

EGINA: Sí, sí, ¡esconderlo!

DÉDALO: Minos. ¡Pues, qué me coja!

ARGIA: ¡No! ¡No ha de encontrarte! No queremos. (*A las hermanas*) ¿Verdad que no queremos? (*Las doncellas gritan:* «¡No!¡Cierto¡¡No queremos!».) Entonces, deprisa, ponedlo a salvo: ¡yo me enfrento a Minos!

CHERIA: (*Cogiendo Dédalo de la mano.*) ¡Ven, Dédalo!

DÉDALO: Será inútil…

ENEIA: ¡Deprisa! ¡Deprisa!

Empujándolo, salen Dédalo, Cheria y otras doncellas: mientras salen, Argia les grita.

ARGIA: ¡Cheria! ¡Y manda traer a mis mastines!

ÍSIDAS: (*Con miedo.*): ¿Esos perrazos? ¿Por qué?

ARGIA: Porque me gusta hablar con Minos sabiendo que su vida depende de los dientes de mis perros. ¡Le hablaré mejor!

ÍSIDAS: ¡Qué dices, Argia! Minos es un rey, un rey poderoso…

ARGIA: ¡Cállate, y vete! ¡Vete de aquí!

ÍSIDAS: Que no, ¡mira! ¡Voy a dar la alerta! Doy la alerta a tu padre…

ARGIA: ¿Tú das la alerta? (*le da con el látigo en la cara*) ¡Toma!

ÍSIDAS: (*Da un grito, a tientas.*) ¡Los ojos! ¡Oh, Santos dioses: los ojos! (*Desesperado.*) ¡Estoy ciego! ¡Ciego, yo! Me has quitado… la vida, la vida, ¡me has quitado! ¿Qué voy a hacer ahora? (*Eneia y las demás lo rodean gritando ferozmente:* «¡Vete, vete! ¡vete!», *y lo sacan a empujones, mientras él gime.*) Me habéis matado… habéis acabado conmigo…

CHERIA: (*Volviendo al trote con las hermanas.*) Dédalo está bien escondido, ¡ahora te traen los mastines!

ARGIA: ¡Ahí, detrás de los árboles, y mantenedlos sujetos! (*Mientras Cheria se va corriendo, para volver poco después.*) ¡Y nosotras, intentemos evitar que nuestro padre ceda ante la arrogancia de Minos!

EGINA: ¡Enfréntate a él, Argia!

ENEIA: (*Volviendo*) ¡Si nosotras no queremos, poco ha de hacer Minos!

Las doncellas excitadas por las carreras y la ansiedad, se ríen. Vuelven las que echaron a Ísidas.

ARGIA: ¡No consentiremos que él nos mande!

ENEIA: ¡Dédalo es nuestro invitado! ¡y tenemos que defenderlo!

ARGIA: ¡No, Eneia, por desgracia! Si Minos viene a recuperarlo, significa que Dédalo es su siervo… y un siervo fugitivo… ¡Tendremos que devolvérselo a su amo! ¡Pero hay otras buenas razones para defenderlo!

CHERIA: (*Volviendo.*) ¡Todo está listo! ¡Ay, cuanto correr!

M. Belén Hernández González

ARGIA: Silencio, ya están aquí.

Entran, Minos, Cócalo, Aristeo, con un séquito. Las doncellas miran a Minos sin hacer gesto alguno de respeto.

CÓCALO: (*Molesto.*) Saludad al ilustre invitado, hijas mías. (*Las doncellas como antes, Cócalo, aún más molesto.*) Aquí están mis queridas hijas, Minos (*con una sonrisa*). No todas…

MINOS: Yo solo tenía dos y perdí a la más querida… por culpa del siervo al que vine a buscar. ¿Dónde está?

CÓCALO: Siéntate, Minos. (*Minos y Cócalo se sientan.*)

ARGIA: Dédalo, ¿tu siervo? ¡Un hombre que ha volado ya no es un siervo! ¡Es el más libre de los hombres!

EGINA: ¡Bien!

CÓCALO: (*Inmediatamente.*) ¡Argia! (*A Minos.*) No le hagas caso, Minos, es una chiquilla: bien sé que lo que dice no tiene fundamento en ninguna ley.

ARGIA: Entonces tú, que eres el rey, haces una ley: ¡Que en nuestro país un hombre que ha volado ya no sea un siervo! ¡Y nuestro país tendrá leyes mejores que las que Minos ha otorgado a Creta!

EGINA Y OTRAS: (*Se ríen con aprobación.*) ¡Eso es! ¡Eso es! ¡Bien dicho, Argia!

MINOS: Cócalo, aquí tendría que encontrar a mi siervo atado. No es digno de ti que, en cambio, tenga que sufrir impertinencias infantiles, a las cuales ni respondo.

CÓCALO: No digas eso, Minos, por favor, haya paz, haya paz. ¿Por qué no podemos ver las cosas como son? Cumplir las normas, sí, no digo que no sea oportuno: ¡pero no todo está siempre de acuerdo a las normas! ¡El caso es que mis hijas se han encariñado con ese hombre al que yo mismo, ignorando su condición de siervo, trataba como un invitado! Y de repente… (*se interrumpe*) si me miras así, no sé qué decir. Coge al siervo, átalo, mátalo, estás en tu derecho. (*A las hijas que se inquietan.*) Está en su derecho, hijas mías, ¡no hay nada que hacer! (*Irritado, a Minos.*) Pero entonces, como dices que «no es digno de mí»: tal vez es digno de ti, si este Dédalo no es más que un siervo fugitivo, ¿es digno de ti, Minos, correr tú mismo trás de él, desde Creta hasta Sicilia, con la tripulación de tres barcos?

MINOS: ¡Cócalo! ¿Y tú eres un Rey?

CÓCALO: Lo sé, sé perfectamente que no hablo como rey. Pero al final, como siciliano, no puedo evitar ver las cosas como son.

MINOS: (*Sonriendo con desprecio*) Hablamos de cosas, Cócalo. Pero si te hablo de qué es la justicia, tú no lo entiendes.

CÓCALO: ¿Y quién te lo dice?

MINOS: No discutamos. Me gustaría que me entendieras. Y ten en cuenta que aquí tomo mi venganza: una venganza que no puedo rehusar.

CÓCALO: ¿Por qué dices que Dédalo te hizo perder la hija? Ahora razonemos: la venganza no es cosa de reyes. ¡Atengámonos a los hechos! ¿Tu Ariadna no se casó con el digno Teseo, hijo del rey de Atenas? Aquí se supo todo: que los dos jóvenes se enamoraron nada más verse. ¡Si es así, serán felices! ¿Por qué te afliges?

MINOS: ¡Se amaron al instante! Y por esto los había separado durante siete lunas: ¡era una prueba! ¡Pero Dédalo y su hijo Ícaro dejaron que Teseo la secuestrara! Y —tal es la duración del amor repentino— tres días después el secuestrador la dejó dormida en la playa de Naxos, ¡una isla desierta! ¡Y si hubiese muerto, mi llanto sería menos desesperado! Cócalo, mi amada, aquella a la que llamaba la parte más pura de mí, se consoló del abandono en brazos del alocado dios Dionisio, y preside sus orgías, ebria de vino y de cantos. ¡Mi hija!

CÓCALO: ¡Pero está con un dios, Minos! ¿Lo dices en serio? Si alguna de las mías encuentra un dios que se la lleve... ¡bendita sea, digo yo! No pienso como tú, Minos: ¡no pienso como tú! (*Las hijas se ríen.*)

M. Belén Hernández González

ARISTEO: (*Aparte, reteniendo a Minos*) No contestes, Minos: aquí no entienden nuestro lenguaje.

ARGIA: Si todo el mundo pensara como Cócalo, ¿dónde estarían los culpables que Minos se complace en juzgar?

CHERIA: (*Inmediatamente*) ¡Tendríamos un mundo lleno de Minos reducidos a mirarse unos a otros, desocupados! (*Se ríen todas.*)

ENEIA: (*Alzando la voz entre risas.*) Mirándose con la esperanza de que alguno de ellos por distracción cometiera una falta: ¡y luego, los demás se le echarían encima! (*Risa más alta*).

ARISTEO: (*Como antes.*) Y estas doncellas se creen ingeniosas… ¡Sonríe, Minos, confúndelas con una sonrisa!

CÓCALO: (*Imponiéndose, a sus hijas*) Basta, basta, hijas mías, ya veis que por desgracia vuelve a ejercer de Rey: así que… ¡respetemos las normas! Paciencia, queridas. Cuando queréis, sois razonables. Escondisteis vosotras al pobre hombre, ¿no? Pues sacadlo…

ARGIA, CHERIA, ENEIA, EGINA Y LAS OTRAS: ¡No, nunca! ¡No queremos! ¡Es demasiado horrible! ¡No! ¡No! ¡No!

ARISTEO: *(Como antes.)* Minos, temo por nosotros… Este país es demasiado feliz, y no soporta tu austeridad. Me gustaría que te olvidases de Dédalo…

CÓCALO: ¡Hacedme caso, hijitas! Es mi deber: ¡no me hagáis faltar a él!

ARGIA: ¡Más bien avisa a tu invitado de que se encuentra en un mal trance!

MINOS: (*Levantándose.*) ¿Qué pasa, Cócalo? ¿Tus hijas amenazan?

ARGIA: (*Inmediatamente.*) ¡Sí, es una amenaza de muerte, Minos!

CHERIA: (*Junto a Argia.*) ¡Ni se te ocurra hacerte con Dédalo o morirás!

ARGIA: (*Inmediatamente.*) ¡Tienes tanta vida como espacio hay entre tu mano y él! ¡Será mejor que te vayas!

ENEIA: (*Inmediatamente.*) ¡Y pon todo el mar que puedas de por medio!

Mientras las doncellas vituperan así, Cócalo, por un lado, intenta interponerse entre ellas, rogándoles: «Hijas… Pero no, queridas… hijas mías…»; y Aristeo por otro lado, con Minos: «Cede, Minos… Escúchame, Rey». De repente, Dédalo entra y se presenta a Minos; todos callan.

DÉDALO: Aquí estoy, Rey. (*Enseguida a las doncellas.*) Estoy contento así, mis señoras. Abandonadme al castigo de Minos, que es un juez justo.

ARGIA: (*Asombrada, con un hilo de voz*) Oh Dédalo… ¿tú?

ARISTEO: (*Aparte.*) Respiro…

MINOS: (*Que ha escrutado a Dédalo, convencido ahora de su sinceridad, le da una palmada en la espalda, con afecto.*) Bien, Dédalo: así está bien. Y así la justicia, incluso la más dura, es bondadosa.

DÉDALO: Sí, Minos, y la invoco para mí. (*Inclina la cabeza.*)

MINOS: (*A Aristeo, complacido.*) Es sincero… (*Se sienta con majestuosidad y piensa.*) Por tus pecados hacia mí… hechos antiguos, sean buenos y malos, buenos para muchos, tal vez para todos… malos solo para mí… de estos pecados te absuelvo. (*Terrible.*)
Confiesa ahora a tu malvado corazón
cómo hizo perecer a Ícaro, alado,
con las mismas alas por las que tú estás vivo.
El fuerte cayó y el débil resurgió: ¿Cómo es eso?
Deduzco de ello que lo engañaste.

DÉDALO: Es cierto.

MINOS: ¿Quizás a él, fuerte, confiando,
le diste las alas endebles, y a ti débil, las fuertes?

DÉDALO: ¡Esto no! ¡De hecho, a él le di las mejores!

MINOS: Por lo tanto, el engaño fue más pérfido.

DÉDALO: Quería unas alas perfectas, y como dije

M. Belén Hernández González

que no lo eran, me despreció: ¡en mi obra!

MINOS: ¿No le sonreíste paternalmente?

DÉDALO: No pude… ya estaba disgustado con él.

MINOS: Te conozco, artesano. A quien no valora
tu labor, tú no lo perdonas.

DÉDALO: Pero se engañó a sí mismo, porque creyó
que le ocultaba la virtud de las alas
por exceso de cariño…

MINOS: ¿Y tú?

DÉDALO: (*Se tapa la cara.*) Yo…

MINOS: (*Triste.*) Veo
tu benigna cara embustera
que ¡solo ahora! sonríe paternalmente,
y confirma que has engañado
la ingenua confianza de un niño
ciego de amor.

DÉDALO: (*Agotado.*) Sí, así fue, así fue… por orgullo…

MINOS: ¿Y fue el orgullo lo que mantuvo cosida la boca
de un padre, mientras Ícaro confiado
se eleva… vuela hacia la muerte… pero está vivo,
-¡aún está vivo!- mientras un grito tuyo no lo salva?

DÉDALO: Después de aquella hora ya no puedo vivir:
más hórrido es mi corazón para mí que para
todos vosotros; pero debo abríroslo. Escuchadme.
(*Se arrodilla.*)
¡No, no pensaba en mi hijo! Se me había
nublado del corazón y de los ojos! ¡Solo veía
las alas del experimento!
¡El experimento! Prueba viviente
de tan magnífico mecanismo! ¡Observaba cómo funcionaba mi
mecanismo! Y estudiaba el modo de que
se moviera correctamente! Y cuando pensaba
al hijo, por un instante: era por placer

de compararme con un hombre audaz,
capaz de sacar del cuerpo del mecanismo
las virtudes que yo había previsto y colocado.
Luego grité. Tarde… Sin embargo, esa alegría atroz
de lo que comprendí en el experimento…
¡no puedo arrancarla de mi corazón! ¡Y os grita
ahora, os grita también el hijo! Y el engaño
sé que tal vez volvería a cometerlo…
¡Sí! ¡Otros están llamados a seguir el camino correcto!
¿Pero yo, cómo saciarme? ¡Con más ensayos!
Que otros corazones canten una hora en el cielo:
 mientras… yo… ¡No! ¡No!
Minos: soy tuyo. ¡Ordena mi muerte!

MINOS: (*Se levanta e impone la mano sobre él.*) Ven.

ÍCARO: (*Apareciendo alado en lo más alto del escenario.*) ¡No, padre!
 ¡No dejes que te aten!

TODOS: (*Excepto Minos.*) ¡Ícaro!

ÍCARO: ¡Sí! ¡Vivo y soy bienaventurado!
 ¡También vive tú, Dédalo: por las alas
 de mis hermanos! Vive sin dormir e investiga:
 tendrán las alas perfectas gracias a ti!
 Esta es la condena: ¡Yo te absuelvo
 de todo como cuando era tuyo!

DÉDALO: ¡Hijo mío!

MINOS: ¡Ven!

LAS HIJAS DE CÓCALO: ¡Déjalo, Minos!

ÍCARO: ¡Os digo a vosotras, hijas de Cócalo!
 Que Minos descienda bajo tierra y ligue los muertos al Infierno.
 ¡Mientras Dédalo e Ícaro ya dan a los hombres
 en la tierra el aliento del cielo[5]!

---

5 N. de T. Según la leyenda, referida por Ovidio en *Las metamorfosis* (Libro VIII, 183 – 259), Dédalo denominó
Icaria a la isla del mar Egeo cercana al lugar donde cayó Ícaro. El perdón representado en la escena final se rela-
ciona con la creencia de que Dédalo, ya a salvo, construyó un templo dedicado a Apolo en la antigua Agrigento
(ciudad regida por Cócalo) y allí colgó sus alas como ofrenda de arrepentimiento.

M. Belén Hernández González

Las hijas de Cócalo se precipitan sobre Minos, empujándolo a los perros y gritando ferozmente: «¡Bajo tierra! ¡Ve a juzgar bajo tierra! ¡Vete al Infierno![6]*»; mientras Dédalo, liberado, levanta los brazos, llamando a Ícaro.*

DÉDALO: Ícaro, Ícaro, ¡mi hermoso hijo!

ÍCARO: ¡Gloria a nosotros, Padre! ¡Mira: estoy volando!
(*Echa a volar y desaparece.*)

DÉDALO: (*Liberado, con los brazos en alto.*)

¡Ícaro!

Telón

---

6   N. de T. Aunque el mito difiere de la obra y cuenta que Minos murió abrasado en el baño, a manos de las hijas de Cócalo, en el drama el final del rey de Creta es semejante. La acción de "atar" se identifica siempre con la misión de juez en el Infierno, con la cual se representa a Minos según la tradición. Véase la nota 3.

NOTAS SOBRE LA TRADUCCIÓN

M. Belén Hernández González

La vida de Stefano Pirandello, estuvo señalada por las relaciones familiares, de las cuales no supo o quiso nunca desvincularse. Como han señalado en la introducción inicial los editores Sarah y Enzo Zappulla, Stefano fue el hijo predilecto de Luigi Pirandello, el amantísimo primogénito por cuya suerte su padre temió tanto durante los años de prisionero de guerra, y a quién confió después sus proyectos de escritura, convirtiéndose en su principal colaborador y hasta en agente y secretario; mientras los fallidos intentos de Stefano por alzar el vuelo y transformarse en escritor independiente con el pseudónimo de Stefano Landi (primero en el periodismo, luego en campo narrativo), lo encadenaban cada día más a los encargos teatrales del Nobel.

Las tormentosas relaciones de afecto y servidumbre entre padre e hijo, estudiadas a partir de la edición del teatro completo por parte de los citados estudiosos, constituyen una parte oculta de la vida de los Pirandello que sin duda arroja nueva luz sobre la gestación y composición de las obras de ambos autores, dispares entre sí, pero al tiempo estrechamente vinculadas e interdependientes. En esta edición nos centraremos únicamente en la producción dramática de Stefano, pero ha de tenerse en cuenta, a fin de recuperar la figura de Landi, que un hecho tan significativo en la trayectoria de Luigi Pirandello como fue la constitución del *Teatro dei Dieci* (luego *Dodici*), o *Teatro D'Arte*, fue en realidad una iniciativa de Stefano, de la cual luego se apropió Luigi y gracias a la cual se verificó la revolución del arte pirandelliano, e incluso determinó la sucesiva proyección internacional que lo catapultó a la fama. De hecho, en 1923 Stefano junto a otros autores jóvenes fundaba el grupo del *Teatro D'Arte* con afán de renovar la escena italiana, representando un repertorio de calidad y un modelo de interpretación anti-declamatorio y moderno, acorde con los espectáculos europeos; para prestigiarlo, propuso al padre como director artístico, aunque no podía suponer entonces la pasión con la cual Pirandello acogería el encargo, ni el tiempo que dedicaría sucesivamente a la práctica escenográfica. Como han testimoniado sus colaboradores escénicos, Corrado Pavolini[7] y Guido Salvini[8], a partir de entonces la consagración de Pirandello a los actores fue completa: él mismo explicaba con profundidad y detalle los contenidos humanos y psicológicos del drama y durante horas estudiaba con los actores la expresión y el efecto más adecuados para hacer corresponder la puesta en escena con la acción dramática. Es patente que el aprendizaje sobre las nuevas técnicas de representación naturalista (método propugnado por Stanislavski) y el enriquecimiento de la escritura dramática del autor tras los intensos ensayos con esta compañía, serían esenciales para la fundación de la Compañía Pirandello, creada en 1928, inmediatamente después de la quiebra del Teatro D'Arte. Empresa familiar de la cual también se encargó en la práctica Stefano, pero que trajo a sus vidas la presencia de Marta Abba, y la consiguiente rivalidad entre ambos por la colaboración estrecha con el maestro. En efecto, a partir del ingreso de la actriz en la compañía, Luigi Pirandello consultaba continuamente con la joven uno de los aspectos que más cautivaban su fantasía: las relaciones entre actor y personaje, y la capacidad de apropiarse desde dentro de la psicología del ente de ficción, secundado por Abba hasta tal punto de que en la puerta del camerino prefería a su nombre el del personaje que representaba. Stefano sufrió como una traición ser relegado del escritorio del padre, si bien nunca se desvinculó de su lado y volvieron a componer estrechamente en la última parte de la vida

---

7   *Cf.* Pavolini, C. (1967). "Pirandello alle prove". In AA.VV., *Atti del Congreso internazionale di studi pirandelliani*, Florencia: Le Monnier, p. 917-924.
8   *Cf.* Salvini, G. (1967). "Il terzo atto dei *Giganti della Montagna*". In AA.VV., *Atti del Congreso Internazionale di Studi Pirandelliani*. Florencia: Le Monnier, pp. 925-928.

M. Belén Hernández González

de Luigi; él se ocuparía de la conclusión y puesta en escena de la obra inacabada *I giganti della montagna*. La actitud de Stefano con su padre, si bien hubo de soportar durante toda su vida frecuentes humillaciones, fue siempre comprensiva y conciliadora: un rasgo biográfico que se refleja también en la presente obra.

Ícaro fue una pieza de encargo, escrita en poco más de veinte días con motivo del *I Convegno Intenazionale della Stampa Aeronautica*. Es decir, *Ícaro* para el gobierno de Mussolini pretendía ser muestra visible de la excelencia del teatro nacional en el extranjero. A pesar de su brevedad y rápida redacción, se trata de una de las obras más valiosas en la producción del escritor, pues consigue expresar a través del mito el drama interior de Stefano y su afán por comprender y trascender el dolor inverso por la pérdida de un padre que, a sus ojos, quizá a menudo hacía las veces de hijo. La composición data de mayo 1939, tres años después de la muerte de Luigi Pirandello; momento en que Stefano -por fin libre de los compromisos paternos- se vuelca en la propia escritura dramática con mayor éxito e intensidad. A esta época corresponden otras dos importantes tragedias: *Il falco d'argento* (1938) y *L'innocenza di Coriolano* (1939). Los temas de su teatro son cultos y estilizan los ecos autobiográficos con un tratamiento dramático abstracto y atemporal que bebe de las vanguardias escénicas de entreguerras.

En la interpretación del mito clásico (a diferencia de la consabida desobediencia y castigo de Ícaro por desoír las advertencias), Dédalo se presenta como un padre despiadado, capaz de sacrificar la vida del hijo con tal de demostrar la supremacía de su ingenio, esa especie de espíritu demoniaco que lo domina y lo condena al mal. Dicho aspecto monstruoso o animalesco de la figura paterna, particularmente relevante en esta obra (ya manifiesta en *Il falco d'argento*), será esencial para comprender la estética dramática de Stefano a partir en estos años, así como para observar las claves de la reconstrucción alegórica de sus espectros familiares. En efecto, lo más original del texto es la extrema aspiración a la redención del pecado paterno; paralela a un sentimiento insólito en el autor, simbolizado metafóricamente en la capacidad de volar, desvincularse del lastre terreno y ascender a un espacio puro y luminoso en el cual poder definirse al fin un ser humano. Así, observamos que, tras desaparecer el padre, la inicial sensación de vacío dio paso al auténtico renacimiento de su personalidad, hasta aquel momento sofocada por los dictados del amor filial. Stefano comprende entonces que -al igual que él ha pertenecido de forma absoluta (casi patológica) al padre, reverenciado como un dios- necesita que a su vez el padre pase a ser de su propiedad. Por ese motivo reclama como legítima la transfiguración de su memoria, precisamente a través de la escritura; ya que la estirpe literaria le corresponde y es para él la más alta.

Con *Ícaro* había llegado el momento de volar con alas propias. En el intrincado laberinto del vínculo filial se recorren con insistencia los temas primordiales para el autor: el concepto de estatuto artístico, el sacrificio del autor en el sometimiento al oficio o *técne'* de la escritura y el análisis del poder político, de la justicia y la relación del pueblo con el soberano. Temas acuciantes para un escritor que había ido voluntariamente al campo de batalla en la Primera Guerra mundial, apostando por el compromiso político de los intelectuales, y sucesivamente se había desengañado de los ideales patrióticos sin renunciar a la ferviente vocación hacia el arte, manteniendo las aspiraciones por la justicia y las utopías del buen gobierno.

Con una puesta en escena austera y expresionista, la obra fue estrenada el 10 de junio del 39 en el Teatro delle Arti de Roma, dirigida por Anton Giulio Bragaglia, uno de los directores más adelantados del teatro futurista. La crítica, comprendiendo bien el valor de la obra, elogió las cualidades dramáticas de Landi, que por fin se manifestaba en todo su esplendor y modernidad con independencia del padre: "Landi, dal problema del volo, è passato al tormento del genio [...] con grande ala di poesia"[9].

Ícaro se estructura en tres actos y cuatro cuadros, con alternancia de voces narrativas y distintos escenarios. En el primer acto, la acción transcurre en el puerto de Cnosos, cuando el pueblo cretense junto a los extranjeros, aguardan la llegada de la nave de la vela negra, procedente de Atenas; Ísidas y Minos cuentan los hechos acaecidos años atrás, la ofensa de Minos al dios, el monstruoso castigo y el ritual de sacrificio de los niños al Minotauro. Seguidamente,

---

9   *Cf.* Rocca, E. (1939). "Spettacoli di eccezione". *Il Dramma, a. XV, 309*, pp. 28-29.

observamos la cueva de Dédalo, constructor del laberinto que ha conseguido encerrar al monstruo, mientras recibe la visita de Teseo y Ariadna para tramar la muerte del Minotauro. En el segundo acto, acusados de propiciar la fuga de Teseo y Ariadna, Dédalo e Ícaro son encerrados en el laberinto por el cruel Minos. Juntos trabajan sin descanso para fabricar alas y escapar de una muerte segura; su intimidad expresa la ternura entre ambos, pero también los celos de Ícaro, al estar por debajo del objeto de arte a los ojos del padre. En el tercer acto se produce un cambio de escenario y un salto temporal; Dédalo, refugiado en la corte siciliana de Cócalo, narra la caída del hijo ante la presencia de sus numerosas hijas y otros cortesanos en un guiño a la isla natal de Luigi y al vasto público que lo aclama. Las princesas curiosas interrogan a un Dédalo abrumado por los remordimientos, cuando irrumpe en escena Minos, que viene en su busca. Aunque las muchachas desean impedirlo, el rey juez demuestra la culpabilidad de Dédalo, acusándolo de la muerte del propio hijo, y está a punto de condenarlo. El desenlace del cuarto cuadro, un tanto extraño, presenta a Ícaro en los cielos absolviendo a Dédalo de toda culpa y liberándolo del peso de su conciencia, en un claro reflejo invertido de la simbiosis entre Luigi y Stefano.

Stefano, hombre de escena imbuido en las técnicas de representación más vanguardistas, dota al texto de un conjunto de acotaciones extraordinariamente ricas en matices interpretativos, imprescindibles para dar intensidad los diálogos, de estilo conciso y contenido. En la traducción he prestado atención a estos recursos dramáticos, determinados en la imaginación del autor y comunes con la escritura pirandelliana; la intención ha sido respetar la soterrada expresividad de las réplicas que intercambian los protagonistas, siempre breves y bruscas; así como de los poéticos monólogos de Ícaro y Dédalo, dictados por el dolor y las aspiraciones dispares y frustradas de ambos hombres. En las acotaciones, encontramos el tono de cada voz, el gesto y el sentimiento del personaje condicionado por la necesidad o la concatenación de hechos fatales que le corresponde sufrir; pero también se hallan precisas indicaciones sobre la puesta en escena, la maquinaria que ha de usarse o la distribución de los actores en lo alto y en lo bajo del escenario, en bastidores o en platea.

En julio de 1940 *Ícaro* se representó por segunda vez con motivo de la inauguración de la Arena Fregea del gran Teatro D'Oltremare de Nápoles, en esta ocasión con dirección de Renato Simoni. Se trataba de una puesta en escena esencial, en uno de los teatros más ambiciosos de la era fascista, y a juzgar de las reseñas críticas tuvo un efecto impresionante sobre los espectadores que la juzgaron nuevamente modelo del más alto teatro nacional. No obstante, Stefano mantiene una especie de ironía comprensiva, quizá debida a la conciencia de la modestia de su empeño: un trabajo ímprobo, destinado al fracaso en comparación con la grandeza del padre maestro; pero, aun así, digno de pasar a la posteridad. Y así ha sido, al dejar voluntariamente inédita la propia obra, sus lectores serían los del futuro. Quizá así comprendamos mejor uno de los rasgos más sobresalientes de *Ícaro:* su lenguaje atemporal, favorecido por el relato mítico. En efecto, predominan las frases en presente, tanto en las escenas cuya acción se desarrolla sobre el escenario, como en los relatos de los personajes sobre los hechos pasados de la vida de Minos y Dédalo.

La belleza del texto puede hacer olvidar al lector actual el ambiente sociopolítico de redacción, que sin duda determinó la proyección de la obra. Hemos de considerar que la recepción de *Ícaro* fue interrumpida por el cambio de alianzas de la Italia en guerra y la suerte del fascismo a partir de 1943. En ese momento es patente la premonición de su caída, que marcará la suerte de la tragedia en la tercera y última representación de *Ícaro* en Alemania en 1943, en el Staatiches Schauspielhaus de Hamburgo. De este modo, las alas del escritor quedaron suspendidas en el aire como las de su personaje. La suerte quiso que tras 1945 Stefano fuese asociado con un teatro caduco y alineado con el régimen, aunque en realidad este se sirvió de su prestigio sin darle nada a cambio, como ocurrió a buena parte de los escritores activos durante aquellos años.

Stefano nos ha legado un teatro de conciliación entre dos generaciones enfrentadas, una obra movida por la reflexión moralizante que sabe juzgar serenamente las miserias humanas al tiempo que muestra su precariedad. En el aspecto formal, experimenta con el teatro narrativo y objetivista; se caracteriza por un estilo desnudo y esencial, cuyos principales recursos son la alegoría, el ritmo y la musicalidad. Las dificultades de traducción de la tragedia podrían dividirse de modo sintético en dos tipologías: de una parte, la traslación de los aspectos estructurales, tendentes al objetivismo; y de otra, la reescritura de los aspectos formales, a través de la construcción de alegorías que acuñan el deseo de abstracción. Dicha intención simbólica -al neutralizar las referencias directas a la guerra y la personalidad del dictador- a mi entender cifra una poética original, con la cual Ícaro ha conseguido superar las circunstancias contextuales del tiempo y alcanzar finalmente su proyección más universal.

Por lo que se refiere a la disposición de la acción, en esta pieza predomina el discurso frente a la acción verbal, carácter que lo ha hecho acreedor del calificativo de 'teatro cerebral', una etiqueta que también recibió Luigi. Se trata de una acción que narra hechos del pasado y cuyo dinamismo consiste en la expresión y la diversidad de los niveles narrativos. Fiel al texto original y a costa de forzar el lenguaje natural, en la mayor parte de los casos he procurado mantener la acción en el presente o el presente histórico para la traducción. Otro rasgo característico que se ha pretendido mantener es la combinación de verso y prosa de numerosas escenas, técnica que contribuye a aliviar la densidad conceptual de las voces narrativas y que va en aumento a partir de la segunda mitad del segundo acto. Los fragmentos poéticos contrastan con las escenas de humillación y lucha por la libertad. En consecuencia, la sucesión de monólogos en *Ícaro* pretende la objetividad de dos perspectivas, al tiempo que establece una relación directa con el lector y una mayor calidad literaria del texto.

En cuanto a los recursos estilísticos recreados para conseguir el efecto de abstracción, se han empleado frases cortas con abundantes signos de puntuación, que dan voz a la pasión de los personajes y se alternan con periodos líricos, los pasajes que cantan con alegorías los aspectos más altos del drama. En correspondencia con la complejidad narrativa asignada a los personajes (del monólogo de Ísidas siciliano al de Minos, de la voz de Ícaro a la de Dédalo), se observan distintos tonos que descubren los aspectos íntimos de cada rol. Por tanto, el léxico empleado tiende a la objetivación del carácter de los protagonistas (herencia del teatro de vanguardia que experimentó con la abstracción conferida al ser y la personificación de los objetos o animales, patente en la descripción que Ícaro hace del águila y otras aves); este elemento plantea la deshumanización de los sujetos humanos en contraposición al teatro psicológico de Luigi Pirandello. No obstante, también encontramos afinidades y guiños a la obsesión pirandelliana por el desdoblamiento del personaje; por ejemplo, cuando las hijas de Cócalo en el acto tercero, imaginan al rey Minos infinitamente replicado en su rol de juez severo de sí mismo: "¡Tendríamos un mundo lleno de Minos reducidos a mirarse unos a otros, desocupados! […] Mirándose con la esperanza de que alguno de ellos por distracción cometiera una falta: ¡y luego, los demás se le echarían encima!". O cuando Dédalo en Sicilia describe la obsesión por inventar y perfeccionar sus obras.

Por último, rasgo esencial de la tragedia es el ritmo dramático, marcado por las trompas, el aullido del Minotauro o los gritos de los dos prisioneros. A ello se añade el carácter musical de las estrofas en verso, emblema del canto celeste encarnado por Ícaro, en oposición a la voz de la tierra que hace pesados los cuerpos hacia fuerzas subterráneas. Pues al fin el utópico destino de Ícaro lo comprende Dédalo, al exclamar: "Tal vez en tus cielos sea distinto. Vamos, vamos, hijo mío. […] ¿Sabes dónde vamos? […] ¡Allí, donde solo oscila la luz! /¡El alma radiante del aire!" (fin de segundo acto).

La obra estaba quizá destinada a convertirse en poema musical, alejado de ataduras sociopolíticas y compromisos empresariales; sin embargo, la suerte quiso que únicamente haya sido recuperada para nosotros en 2004, a la luz de nuevos tiempos que hallen en sus páginas la ambición de pureza de Ícaro y un mensaje de imperecedera belleza. Agradezco a Sarah y Enzo Zappulla, sus primeros editores, la generosidad al responder a las dudas sobre el texto y sugerir una correcta guía de interpretación con las páginas de la introducción. Su empeño crítico ha sido clave para descubrir en ámbito internacional el legado de Stefano (Landi) Pirandello, un autor aún ensombrecido por la fama del apellido paterno. Sirva como brújula para indagar en la obra y la trayectoria de Stefano Landi, la breve cronología de la vida del autor que se propone a continuación. Seguida de las traducciones y ediciones críticas que hasta el momento se han publicado sobre su teatro.

TRADUCCIONES DEL TEATRO DE STEFANO PIRANDELLO

Un padre ci vuole

La comedia *Un padre ci vuole*, incluida en Stefano Pirandello, *Tutto il teatro*, Sarah Zappulla Muscarà-Enzo Zappulla (eds.), Milán, Bompiani, 2004, ha sido traducida en francés por Myrian Tanant, Parigi, L'avant-scène théâtre, 2008; en griego por Anteos Chrisostomides, Atenas, ed. Kastaniotis, 2012; en búlgaro por Daniela Ilieva, Sofia, 2014; en serbio por Dušica Todorovi Lakava, «Revue de philologie», Fakultet, Beograd, XLIII,2, 2016; en árabe por Amer El Alfi e Naglaa Waly, Cairo, Akhbar Al Youm, 2016 e *idem*, en edición bilingüe, Catania, Edizione Ho.u.se., 2007; en español por Vicente González Martín, Ediciones de la Universidad de Salamanca, Salamanca, 2017; en inglés por Barbara McGilvray, con introducción de Donatella Cannova, Wellington, New Zeland, in association with Istituto Italiano di Cultura, Sydney, Australia, 2017; en inglés por Enza De Francisci y Susan Bassnett, Bologna Cue Press, 2022.

CRONOLOGÍA DE STEFANO PIRANDELLO[10]

1895: Primogénito de Luigi y Maria Antonietta Portolano, ambos originarios de Agrigento, Stefano Pirandello nació en Roma el 14 de junio de 1895.

1914: Se matricula en la Facultad de Filosofía y Letras de Roma.

Fig. 1: Stefano Pirandello con su padre Luigi (Archivio Pirandello)

---

10   Para una biografía completa de Stefano Pirandello, véase el exhaustivo estudio de más de 400 páginas con referencia a epistolarios, documentos y fotografías, realizado por Sarah Zappulla Muscarà y Enzo Zappulla, en la citada edición de la obra dramática del autor: *Tutto il teatro* (2004).

1915: Interrumpe sus estudios para enrolarse como voluntario en el ejército cuando Italia entra en la Primera Guerra Mundial. El 2 de noviembre es apresado por los austriacos y encarcelado en un campo de concentración, primero en Mauthausen y luego en Caporetto y Plan (en la actual República Checa).

1916-1918: Años de cautiverio durante los cuales maduró sus estudios filosóficos y literarios, así como la vocación por la dramaturgia. Estuvo prisionero hasta el final de la guerra.

1919: En enero la familia se reúne y acuerdan internar en un manicomio a la madre, Antonietta, que continuará recluida hasta su muerte en 1959.

1920: Inicia su colaboración con distintos periódicos, enviando artículos y cuentos casi siempre firmados con el pseudónimo de Stefano Landi, que adopta a partir de entonces a fin de evadirse de la fama del padre y afirmar su propia autonomía.

1922: En marzo se casa con Olinda Labroca, música de profesión. De la unión nacerán tres hijos: Maria Antonietta (1923), Andrea Luigi (1925) y Giorgio (1926).

1923: Promueve, junto a otros intelectuales jóvenes (Massimo Bontempelli, Leo Ferrero, Guido Salvini, Orio Vergani, Lamberto Picasso, Antonio Beltramelli, Silvio D'Amico, Alberto Savinio, Virgilio Marchi), el *Teatro D'Arte* o *Teatro dei Dodici*, y pide al padre ser el director a fin de dar visibilidad al proyecto. La idea era construir un teatro estable con una programación exclusiva, cuyo repertorio mantuviese la calidad artística y literaria; al mismo tiempo, pretendían dignificar las condiciones laborales de los actores.

1924: Estrena sus primeras obras teatrales, el drama *Bambini* (1923), y la comedia *La casa a due piani*, que reflejan temas recurrentes en el futuro, como son las relaciones familiares y el dolor en la infancia.

1925: Publica el acto único *L'uccelliera*, que lleva a escena una casa-jaula, bajo la tutela de una abuela al cuidado algunos niños huérfanos.

La compañía del *Teatro D'Arte* de Roma debuta en el Teatro Odescalchi con el acto único de Luigi Pirandello *Sagra del Signore della Nave* y *Gli dèi della montagna*, del autor irlandés Lord Dunsany con la presencia en sala de Benito Mussolini. Luigi Pirandello se entusiasmará con el proyecto (que él desea convertir en una especie de Teatro Nacional), y revolucionará la puesta en escena con la unión del espacio de la platea y el escenario, que sucesivamente pondrá de relieve en la representación de *Sei personaggi in cerca d'Autore* y *Questa sera si recita a soggetto*.

Fig.2: Diseño del Teatro Odescalchi reformado por Virgilio Marchi
para el *Teatro D'Arte* de Pirandello

1928: El 2 de agosto en Viareggio la compañía del *Teatro d'Arte* se disuelve por falta de fondos. El padre Luigi junto a Marta Abba, se auto-exilia en Berlín a partir de octubre y durante unos meses, como protesta contra el régimen tras la fallida financiación al *Teatro D'Arte*. En Berlín se acerca al mundo del cine con la colaboración de Stefano.

1932: Escribe el guión cinematográfico *Gioca, Pietro!*, firmado por el padre para el film *Acero* de Walter Ruttmann.

1934: Trabaja en la puesta en marcha del *Convegno Volta* sobre el teatro dramático, presidido por el padre y promovido por la *Reale Accademia d'Italia*, la prestigiosa institución del régimen fascista cuya misión era representar, fuera y dentro de las fronteras nacionales, los méritos artísticos y científicos de una cultura italiana "regenerada".

1935: Obtiene el premio Viareggio con la novela *Il muro di casa*.

1936: Entre enero y junio se representa *Un padre ci vuole*, donde el personaje de Orestes encarna a un hijo inspirado en sí mismo, empeñado en proteger al padre de una desastrosa pasión amorosa. Muere Luigi Pirandello el 10 de diciembre, dejando incompleta la novela *I giganti della Montagna*, que Stefano terminará y editará según las indicaciones de Luigi.

1937: Se estrena en Florencia la versión teatral de *I giganti della Montagna*, con libreto adaptado por Stefano y dirección de Renato Simoni.

1938: Se intensifica su labor teatral y la vertiente más experimental de su obra. *Il falco d'argento* se estrena en Milán. El tema retrata la avidez de un padre que se precipita sobre el nido de los hijos para dominarlos y vivir a su costa.

1939: Escribe las tragedias clásicas *L'innocenza di Coriolano* e *Ícaro*. El 10 de junio estrena *Ícaro* en el Teatro delle Arti de Roma dirigida por Anton Giulio Bragaglia.

Fig. 3: Arena Fregea (Teatro D'Oltremare di Napoli) inaugurada con el espectáculo *Ícaro* en 1940

M. Belén Hernández González

1940: En Roma, junto a los amigos Corrado Alvaro, Leo Longanesi, Mario Pannunzio, Corrado Pavolini y Cesare Zavattini entre otros, funda *Autori associati*, para la producción de guiones y argumentos fílmicos. En julio *Ícaro*, se lleva a escena con motivo de la inauguración de la Arena Fregea del gran Teatro D'Oltremare de Nápoles, con dirección de Renato Simoni.

1941: En marzo se estrena en Roma, *Qui s'insegna a rubare*. En Florencia, la pieza *Ciro*, escrita en colaboración con Pavolini y anteriormente editada (Milán: Bompiani, 1940). En la revista *Il Dramma* aparece la obra *Ciò che non si dice*, de registro onírico.

1942: Para el Teatro Manzoni de Milán realiza una adaptación de la *Orestiada* de Esquilo, junto a Cesare Vico Lodovici. En el mismo teatro, el 12 de mayo con La compagnia nazionale dei Guf dirigida por Venturini, estrena la comedia *Un gradino più giù* (sobre un hijo mentalmente discapacitado), publicado en la revista *Il dramma*, XVIII, n. 380, 12 jun. pp 7-24; la crítica destaca la herencia pirandelliana. Así mismo, publica la antología lírica *Le forme* (Milán: Bompiani, 1942).

Foto de la representación de *Un gradino più giù*, aparecida en *Il dramma*, 1942, ivi.

1943: En marzo *Ícaro* se llevó a escena nuevamente en el Staatiches Schauspielhaus de Hamburgo.

1953: El 18 de febrero en el Piccolo Teatro de Milán estrena *Sacrilegio massimo* dirigida por Giorgio Strelher, con escaso eco por parte de la crítica. Desilusionado se retiró en una villa de Grottaferrata para reescribir y corregir su obra.

1955: Redacta los monólogos de inspiración feminista: *Figli per voi*; *Fine di giornata*; *Donna inviolata*; *La voce della Terra*, emitidos por radio y protagonizados por Paola Borboni.

1962: En radio RAI, con dirección de Luciano Mondolfo, se retransmiten algunos de los 34 diálogos de animales incluidos en *L'uomo cattivo (quando parla attraverso la bestia)*, redactados por Stefano en un periodo entre los años 20 y la posguerra.

1967: Escribe su último drama, *II Beniamino infelice,* compuesto como *Ícaro* entre el verso y la prosa, narrado por Kamir, un anciano aedo árabe.

1972: Muere en Roma dejando inédita buena parte de su obra.

BIBLIOGRAFÍA

CIPRIANI, A. (2009). *Stefano Landi Pirandello: la vita, le opere e la difficile eredità*. Tesis doctoral dirigida por Sergio Campailla, Università di Roma Tre. Digitalizada en "ArcAdiA, Archivio Aperto di Ateneo". Recuperado a partir de <http://hdl.handle.net/2307/459>.

DÁVID, K. (2012). "Il 'mito' del padre nel teatro di Stefano Pirandello". *Études sur la Région Méditerranéenne*, *21*, 23-32.

DE STASIO, L. (2014). "Teatro cerebrale: *Donna inviolata* di Stefano Pirandello". G. Baldassarri, V. Di Iasio, P. Pecci, E. Pietrobon, F. Tomasi (eds.), *La letteratura degli italiani 4. I letterati e la scena*. Roma: Adi Editori, pp. 2-13. Recuperado a partir de http://www.italianisti.it/.

MANITTA, G. (2007). *Stefano Pirandello e altri contemporanei*. Castiglione di Sicilia: Il convivio.

MILONE, P. (2007). "Padri e figli. La vita ardente di Luigi e S. Pirandello". *Pirandelliana*, 1, 97-125.

MORELLI, A. (2004). "Landi, Stefano". *Dizionario Biografico degli Italiani*, vol. 63. Recuperado a partir de *http://www.treccani.it/enciclopedia/stefano-landi_ (Dizionario-Biografico)/*

PIRANDELLO, A. (ed) (2005). *Il figlio prigioniero*. Milán: Mondadori.

PIRANDELLO, L. (1980). *Carteggi inediti (con Ojetti, Albertini, Orvieto, Novaro, De Gubernatis, De Filippo)*. Zappulla Muscarà, S. (ed.). Roma: Bulzoni editore.

PIRANDELLO, S. (2004). *Tutto il teatro*. Zapulla Muscarà, S. - Zapulla, E. (eds.) (3 vols). Milán: Bompiani.

(2008). *Nel tempo della lontananza (1919-1936)* [2005]. Zappulla Muscarà, S. (ed.). Roma-Caltanissetta: Salvatore Sciascia editore.

(2011). *Timor sacro*. Zappulla Muscarà, S. (ed.). Milán: Bompiani.

(2017). *Un padre se necesita*. González Martín, V. (ed. y tradución). Salamanca: Universidad de Salamanca.

ROCCA, E. (1939). "Spettacoli di eccezione". *Il Dramma, a. XV, 309*, 28-29.

ZAPPULLA MUSCARÀ, S.- ZAPPULLA, E. (eds.) (2017). *I Pirandello. La famiglia e l'epoca per immagini*. Milán: La nave di Teseo.

ZAPULLA MUSCARÀ, S. (2004). "Stefano Pirandello drammaturgo". *Revista Sociedad Española de Italianistas, 2*, 199-206.

(2008). "Stefano Pirandello giornalista". *Le Forme e la Storia, 1-2*, 787-802.

(2017). "Stefano Pirandello, «simile a un tenero fenicottero pizzicato là ove la pudicizia si copre con la pennuta coda»". *Revista De La Sociedad Española De Italianistas, 11*, 231–242. Recuperado a partir de https://revistas.usal.es/dos/index.php/1576-7787/article/view/18433

M. Belén Hernández González